BAŞLANGIÇLAR İÇİN TEMEL VEGAN BARBEKÜ YEMEK KİTABI

IZGARA, KAVURMA, TÜTSÜLEME, MARINE ETME VE KAYNATMA IÇIN 100 YEŞIL TARIF

Yaren Işik

Tüm hakları Saklıdır.

sorumluluk reddi

Bu e-Kitapta yer alan bilgiler, bu e-Kitabın yazarının hakkında araştırma yaptığı kapsamlı bir stratejiler koleksiyonu olarak hizmet etmeyi amaçlamaktadır. Özetler, stratejiler, ipuçları ve püf noktaları yalnızca yazar tarafından tavsiye edilir ve bu e-Kitabı okumak kişinin sonuçlarının yazarın sonuçlarını tam olarak yansıtacağını garanti etmez. E-Kitabın yazarı, e-Kitabın okuyucularına güncel ve doğru bilgiler sağlamak için tüm makul çabayı göstermiştir. Yazar ve ortakları, bulunabilecek herhangi bir kasıtsız hata veya eksiklikten sorumlu tutulamaz. E-Kitaptaki materyal üçüncü şahısların bilgilerini içerebilir. Üçüncü taraf materyalleri, sahipleri tarafından ifade edilen görüşleri içerir. Bu nedenle, e-Kitabın yazarı herhangi bir üçüncü taraf materyali veya görüşü için sorumluluk veya yükümlülük üstlenmez.

E-Kitabın telif hakkı © 2022'ye aittir ve tüm hakları saklıdır. Bu e-Kitabın tamamını veya bir kısmını yeniden dağıtmak, kopyalamak veya türev çalışmalar oluşturmak yasa dışıdır. Bu raporun hiçbir bölümü, yazarın yazılı ve imzalı izni olmadan herhangi bir biçimde çoğaltılamaz veya yeniden iletilemez veya herhangi bir biçimde yeniden iletilemez.

İÇİNDEKİLER

SADE SEBZELER 87

SANDVİÇ VE BURGER 217

TATLILAR 247

GİRİİŞ

Izgara sebzeler hakkında gerçekten bilmeniz gereken tek şey, ızgara sıcaklığı ve zamanlamasıdır.

Hemen hemen her sebzeyi ızgara yapabilirsiniz. Aynı zamanda, hepsini bir kenara atıp en iyisini umamazsınız! Havuç ve patates gibi bazı sebzeler diğerlerinden daha serttir. Bu tür sebzelerin ızgaradan önce kaynatılması gerekir. Izgara yapmak için en iyi sebzeler şunlardır:

A. Bebek bella mantarları
B. Yeşil fasulyeler
C. kırmızı ve turuncu dolmalık biber
D. Kabak
E. Sarı kabak
F. kırmızı soğan

Bu ızgara sebzeleri ızgaradan hemen yiyebilirsiniz ve tadı inanılmazdır. Daha iyi; Lezzetleri arttırmak için hızlı bir zeytinyağı ve balzamik sirke karışımı ile karıştırın!

KAHVALTI, BRUNCH VE YUMURTA

1. Izgara ekmek ve kiraz domates salatası

Toplam Hazırlama Süresi: 5 Dakika

Toplam Pişirme Süresi: 5 Dakika

Verim: 1 porsiyon

İçindekiler

- 1 küçük diş sarımsak; kıyılmış 1

- ⅓75 ml balzamik sirke

- 1½ yemek kaşığı Zeytinyağı 20 mL

- ¼ çay kaşığı Biber 1 mL

- tatmak için tuz

- 2 yemek kaşığı doğranmış taze frenk soğanı veya yeşil soğan

- ⅓su bardağı doğranmış taze fesleğen

- 6 dilim Fransız veya İtalyan ekmeği

- 4 su bardağı kiraz domates; yarıya bölünmüş

Talimatlar

a) Küçük bir karıştırma kabında sarımsak, sirke, yağ, biber ve tuzu birleştirin. Fesleğen ve chives karıştırın.

b) Ekmeği ızgara yapın veya kızartın

c) Her parçayı parçalara ayırın.

d) Ekmek, çeri domates ve sosu bir karıştırma kabında
    birleştirin.

e) Gerekirse, baharatları tadın ve ayarlayın.

2. Vegan Krep

Toplam Hazırlama Süresi: 10 Dakika
Toplam Pişirme Süresi: 5 Dakika
10 krep

İçindekiler

- 1 1/3 su bardağı sade veya vanilyalı soya sütü
- 1 fincan çok amaçlı un
- $1/3$ su bardağı sert tofu, süzülmüş ve ufalanmış
- 2 yemek kaşığı vegan margarin, eritilmiş
- 2 yemek kaşığı şeker
- 11/2 çay kaşığı saf vanilya özü
- $1/2$ çay kaşığı kabartma tozu
- $1/8$ çay kaşığı tuz
- Yemek pişirmek için kanola veya diğer nötr yağlar

Talimatlar

a) Tüm Malzemeleri Birleştirin
b) Kızartma yağı hariç) pürüzsüz olana kadar bir karıştırıcıda.
c) Yapışmaz bir ızgarayı veya krep tavasını orta-yüksek ateşte önceden ısıtın.
d) Kalıbın ortasına 3 yemek kaşığı meyilli dökün ve hamuru ince bir şekilde yaymak için tavayı eğin.
e) Bir kez çevirerek iki tarafı da altın sarısı olana kadar pişirin.
f) Kalan hamuru tepsiye alın ve tepsiyi gerektiği kadar yağlayarak işleme devam edin.

3. Izgarada Yumurta

Toplam Hazırlama Süresi: 2 dakika

Toplam Pişirme Süresi: 18 dakika

Verim: 6

Bileşens

- 12 yumurta

Talimatlar

a) Dış ızgarayı orta-yüksek sıcaklığa kadar önceden ısıtın.

b) Bir çörek tepsisine pişirme spreyi sıkın ve her deliğe bir yumurta kırın.

c) Izgaraya yerleştirin ve 2 dakika ya da istenilen kıvama gelene kadar pişirin.

4. ızgara patates köftesi

Toplam Hazırlama Süresi:10 dakika

Toplam Pişirme Süresi:15 dakika

Verim: 100 Porsiyon

Bileşen

- 1 su bardağı Tereyağı

- 9 Yumurta

- 1 su bardağı Süt

- 22 kilo patates, tuzlu su ile haşlanmış

- $4\frac{1}{2}$ fincan ekmek

- $1\frac{1}{2}$ çay kaşığı kara biber

- 2 yemek kaşığı tuz

Talimatlar

a) Patatesleri mikser kabında düşük hızda 1 dakika veya daha küçük parçalara ayrılana kadar karıştırın.

b) Biber ve tereyağı veya margarin ekleyin. 3 ila 5 dakika veya tamamen pürüzsüz olana kadar yüksek hızda karıştırın.

c) Sütü sulandırın; kaynamaya kadar ısıtın; düşük hızda patateslere karıştırın, ardından karıştırılmış bütün yumurtaları ekleyin.

d) Köfte şekli verin ve ekmek kırıntılarına bulayın.

e) Hafifçe yağlanmış bir ızgarada veya altın rengi kahverengi olana kadar her iki tarafta 3 dakika ızgara yapın.

5. Yumurta sarısı ile ızgara porcini

Toplam Süre: 30 dakika

Verim: 4 Porsiyon

Bileşen

- 2 kilo taze porcini

- 3 yemek kaşığı sızma zeytinyağı artı

- 2 yemek kaşığı

- 4 Yumurta, jumbo

Talimatlar

a) Mantarları dilimler halinde kesin ve tuz ve karabiberle tatlandırın.

b) Mantarları ızgaraya koyun ve her tarafı 2 dakika pişirin.

c) Bu arada yapışmaz bir tavada kalan yağı tütmeye başlayana kadar ısıtın.

d) Tavaya yumurtaları kırın ve beyazları katılaşana kadar pişirin.

e) Tavayı ısıdan çıkarın ve 3 dakika bekletin. Mantarları servis tabağına alın.

f) Yumurtaların aklarını kesin ve sarılarını dikkatlice mantarların üzerine yerleştirin ve hemen servis yapın.

6. ızgara mısır ekmeği

Toplam Hazırlama Süresi: 15 dakika

Toplam Pişirme Süresi: 40 dakika

Verim: 8 dilim

İçindekiler

- 1 su bardağı mısır unu

- 1 su bardağı un

- 2 çay kaşığı kabartma tozu

- 3/4 çay kaşığı tuz

- 1 su bardağı süt

- 1/4 su bardağı bitkisel yağ

Talimatlar

a) Kuru malzemeleri karıştırın. Süt ve bitkisel yağı karıştırın.

b) Yağlanmış bir ızgaraya dökün.

c) Merkez sertleşene kadar pişirin.

7. Izgara Granola Dolması Fırında Elma

Toplam Hazırlama Süresi: 15 dk
Toplam Pişirme Süresi: 45 dk
Verim: 4 porsiyon

İçindekiler

- $1/2$ su bardağı vegan granola, ev yapımı
- 2 yemek kaşığı kremalı fıstık ezmesi veya badem ezmesi
- 1 yemek kaşığı vegan margarin
- 1 yemek kaşığı saf akçaağaç şurubu
- $1/2$ tatlı kaşığı tarçın
- Granny Smith veya diğer sert pişirme elmaları
- 1 su bardağı elma suyu

Talimatlar

a) Izgarayı 350 derece Fahrenheit'e kadar önceden ısıtın.

b) Yağlanmış bir ızgara tavasını kenara alın.

c) Granola, fıstık ezmesi, margarin, akçaağaç şurubu ve tarçını orta boy bir karıştırma kabında birleştirin.

d) Elmaları ikiye bölün ve granola karışımını dikkatlice paketleyerek oyuklara doldurun.

e) Elmaları Hazır tavaya ters çevirin. Elma suyunu elmaların üzerine dökün ve 1 saat veya yumuşayana kadar ızgara yapın. Sıcak servis yapın.

8. Izgara Avokado ve Yumurta

Toplam Hazırlama Süresi: 5 dakika

Toplam Pişirme Süresi: 12 dakika

Verim: 4

Bileşens

- 2 avokado, olgun

- 2 çay kaşığı zeytinyağı

- 4 yumurta

- 1 çay kaşığı tuz

- 1 tutam taze çekilmiş biber

- Maydanoz, süslemek için

Talimatlar

a) Izgarayı orta-yüksekte 10 dakika önceden ısıtın.

b) Her avokadoyu uzunlamasına ikiye bölün. Çukuru çıkarın.

c) Her avokadoyu zeytinyağı ile fırçalayın ve yüzü aşağı bakacak şekilde ızgaraya koyun. Örtmek.

d) Yaklaşık on dakika sonra avokadolar mükemmel ızgara hatlarına sahip olacaktır.

e) Avokadolar güzelleşip ızgara olunca alüminyum bir tepsiye koyun.

f) Bir yumurtayı küçük bir kaseye veya bardağa kırın, sarısını bir kaşıkla alın ve her avokadonun ortasına koyun.

g) Alüminyum tepsiyi ızgaraya yerleştirin.

h) 12 dakika veya sarısı ayarlanana ve beğeninize göre pişene kadar pişirin. Spatula yardımıyla tepsiye dizip maydanozla süsleyin.

9. Füme Yumurta

Toplam Hazırlama Süresi: 15 dakika

Toplam Pişirme Süresi: 1 saat 30 dakika

SOĞUTMA SÜRESİ: 15 dakika

Verim: 12 yumurta

Bileşens

- 12 yumurta

Talimatlar

a) Sigara içen kişiyi 325 derece Fahrenheit'e ısıtın.

b) Yumurtaları kapak kapalıyken 30 dakika doğrudan ızgara ızgarasında pişirin.

c) Pişmiş yumurtaları çıkarın ve hemen bir buz banyosuna koyun. Tamamen soğutun ve sonra soyun.

d) Sigara içen kişinin üzerindeki ısıyı 175 derece F'ye düşürün.

e) Daha güçlü bir duman aroması için en az 30 dakika veya bir saate kadar duman.

f) Yumurtaları sade, barbekü baharatıyla veya füme baharatlı yumurta olarak servis edin.

10. Ekmekli Yumurta

Toplam Hazırlama Süresi: 1 dk

Toplam Pişirme Süresi: 4 Dakika

verim: 1

İçindekiler

- Kişi başı 1 dilim ekmek

- 1 yemek kaşığı sıvı yağ veya tereyağı

- 1 yumurta, kişi başı

Talimatlar

a) Bisküvi kalıbı, cam veya kurabiye kalıbı ile ekmeğin ortasına bir delik açın.

b) Barbekü ocak gözünü veya ızgarayı yağlayın ve orta derecede ısıtın. Ocağın üzerine ekmeği yerleştirin.

c) Delikte, yumurtayı kırın.

d) 3 dakika ya da yumurta altta sertleşene kadar pişirin.

e) Pişirmeyi bitirmek için yumurtalı ekmeği 2 dakika diğer tarafa çevirin.

f) Servis.

11.   Fontina ve ızgara sebze Kahvaltı sarma

Toplam Hazırlama Süresi: 8 Dakika

Toplam Pişirme Süresi: 13 Dakika

Verim: 2 porsiyon

Bileşen

- $\frac{1}{2}$ su bardağı Mayonez

- $\frac{1}{4}$ su bardağı kıyılmış fesleğen yaprağı

- 1 misket limonunun suyu

- 1 kabak

- 1 Kırmızı; sarı veya turuncu dolmalık biber, dörde bölünmüş

- 2 adet kırmızı soğan dilimi

- Zeytin yağı

- Tuz ve biber

- 2 su bardağı rendelenmiş marul

- $\frac{1}{2}$ pound Fontina peyniri; rendelenmiş

- 2 büyük un ekmeği

Talimatlar

a) Küçük bir kapta mayonez, fesleğen ve limon suyunu karıştırın.

b) Sebzelere zeytinyağı sürün. Tuz ve karabiber ile tatlandırın.

c) Orta derecede sıcak bir ızgarada sebzeleri düzenleyin.

d) Her tarafta 2 ila 3 dakika daha veya ızgara izleri görene kadar pişirin.

e) Un ekmeği üzerine mayonez karışımını yayın.

f) Marulu bir tortillaya koyun, ardından peynir ve ızgara sebzelerle doldurun.

g) Yuvarlayın ve keyfini çıkarın.

12.   Izgara sebzeli kiş

Toplam Hazırlama Süresi: 1 saat

Toplam Pişirme Süresi: 1 ila 2 saat

Verim: 6 Porsiyon

Bileşen

- 1 Tamamen hazır pasta kabuğu

- 3 yumurta

- 1 su bardağı hafif krema

- $\frac{1}{2}$ su bardağı Ağır krema

- $\frac{1}{2}$ çay kaşığı Tuz

- $\frac{1}{2}$ çay kaşığı Biber

- $\frac{1}{4}$ çay kaşığı Cayenne biberi

- $\frac{1}{4}$ çay kaşığı Hindistan cevizi

- 6 ons Gruyere peyniri; rendelenmiş

- $1\frac{1}{2}$ su bardağı ızgara sebze

Talimatlar

a) Pişmemiş kabuğun altına 4 ons peynir ve ızgara sebze serpin ve yanları olan bir çerez kağıdına yerleştirin.

b) Peynir hariç kalan malzemeleri birlikte çırpın.

c) Sebzelerin ve peynirin üzerine dökün ve peynirin geri kalanını serpin.

d) Doğrudan ısıdan biraz uzakta ızgaraya yerleştirin.

e) 35 ila 45 dakika veya kiş kabarıp altın rengi kahverengi olana kadar ızgara yapın.

13.   Izgara Focaccia ve sebzeli kahvaltı sandviçi

Toplam Hazırlama Süresi: 10 Dakika

Toplam Pişirme Süresi: 10 Dakika

Verim: 1 porsiyon

Bileşen

- Focaccia Ekmeği

- 1 orta boy patlıcan, uzunlamasına dilimlenmiş

- 2 Kırmızı Biber, dörde bölünmüş

- 2 yemek kaşığı Zeytinyağı

- taze roka veya bebek salata yaprakları

- bütün yumurta mayonez

- Süslemek için Parmesan ve Fesleğen

Talimatlar

a) Patlıcanı tuzla baharatlayın; Yarım saat süzgeçte süzün, durulayın ve kurulayın.

b) Kırmızı biberlerin çekirdeklerini çıkarıp dörde bölün.

c) Sebzeleri sandviç ızgaraya yerleştirmeden ve kapatmadan önce zeytinyağı ile fırçalayın. Sebzeler zar zor yumuşayana kadar pişirin.

d) Sandviçinizi ızgarada taze roka veya bebek salata yaprakları, ızgara sebzeler ve taze fesleğen ve sarımsakla tatlandırılmış bütün yumurta mayonez ile katmanlayın.

e) Üzerine biraz parmesan peyniri rendeleyin.

14.   Izgara Kahvaltı Patatesi

Toplam Hazırlama Süresi: 5 Dakika

Toplam Pişirme Süresi: 40 Dakika

Verim: 4 Porsiyon

İçindekiler

- 5 bardak doğranmış kırmızı veya Yukon altın patates

- 1 sarı soğan

- 2 çay kaşığı kıyılmış sarımsak

- 1 çay kaşığı sarımsak tozu

- 1 çay kaşığı deniz tuzu

- $\frac{3}{4}$ çay kaşığı eski defne baharatı

- 1 kırmızı dolmalık biber

- 3 yemek kaşığı zeytinyağı

- 1 çay kaşığı kırmızı biber

- Bir tutam karabiber

Talimatlar

a) Fırını önceden 400 derece Fahrenheit'e ısıtın.

b) Patates, soğan ve biberi küçük küçük doğrayıp geniş bir kaseye alın.

c) Her şey iyice kaplanana kadar zeytinyağı ve kıyılmış sarımsak ile atın.

d) Baharatları, tuzu ve karabiberi ekleyin ve iyice karışana kadar karıştırın.

e) Bir fırın tepsisine veya dökme demir tavaya ekleyin ve 30 dakika pişirin. Patateslerin hepsi yağlanmış olduğu için fırın tepsisini yağlamanıza gerek yok!

f) 30 dakika sonra, ısıyı 425 Fahrenheit'e yükseltin ve patateslerin kızarmasına yardımcı olmak ve merkezin tamamen pişip yumuşak olmasını sağlamak için 15-20 dakika daha pişirin. Çatal ile kolayca delinebildikleri zaman bittiğini anlayacaksınız. Ortası tamamen pişmeden üstlerinin çok fazla kızardığını fark ederseniz, folyo ile kaplayın. Patatesleri tam olarak ne kadar büyük/küçük doğradığınıza bağlı olarak pişme süresi değişecektir, bu yüzden onlara dikkat edin!

g) Ketçap, ilave tuz, biber, salata veya diğer brunch yiyecekleri ile servis yapın!

BAŞLANGIÇLAR, ATIŞTIRMALIKLAR VE MEZELER

44

15.   Közlenmiş Kabak Biber Şişleri

Toplam Hazırlama Süresi: 15 dakika

Toplam Pişirme Süresi: 15 dakika

Verim: 1 porsiyon

Bileşen

- 1 büyük kırmızı biber, çekirdekleri çıkarılmış ve doğranmış

- 1 büyük dolmalık biber, çekirdekleri çıkarılmış ve doğranmış

- 1 Tatlı soğan, dilimler halinde kesilmiş

- 2 Kabak, kalın dilimlenmiş

- 2 yemek kaşığı Zeytinyağı

- 2 diş sarımsak, soyulmuş ve ezilmiş

Talimatlar

a) Biberlerin çekirdeklerini çıkarıp parçalara ayırın, ardından bir servis tabağında tatlı soğan dilimleri ve kabaklarla birleştirin.

b) Zeytinyağı ve ezilmiş sarımsağı ekleyin ve birleştirmek için karıştırın.

c) Malzemeleri şişlere geçirin ve ızgarada 10-15 dakika veya sebzeler yumuşayıncaya kadar pişirin.

16.   Bir şiş üzerinde bahçe

Toplam Hazırlama Süresi: 10 Dakika

Toplam Pişirme Süresi: 10 Dakika

Verim: 6 Porsiyon

Bileşen

- 1 büyük baş mısır; Kabuk Çıkarılmış, 2 inçlik parçalar halinde kesilmiş

- 12 büyük mantar kapağı

- 1 orta boy kırmızı biber; 1 inçlik parçalar halinde kesin

- 1 küçük Kabak; soyulmamış, 2 inçlik parçalar halinde kesilmiş

- 12 Kiraz domates

Teyel Sosu

- $\frac{1}{2}$ bardak Limon suyu

- 2 yemek kaşığı kuru beyaz şarap

- 1 yemek kaşığı Zeytinyağı

- 1 çay kaşığı kimyon

- 2 çay kaşığı taze kişniş

- 1 çay kaşığı taze maydanoz

- taze çekilmiş biber; tatmak

Talimatlar

a) Izgarayı dışarıda önceden ısıtın ve ısı kaynağının 6 inç üzerine yağlanmış bir raf yerleştirin. Gazlı ızgaradaki ısıyı orta dereceye ayarlayın.

b) 6 adet tahta kebap şişini kullanıyorsanız 15 dakika ılık suda bekletin. Bu, kebapların pişerken şişlerin alev almasını engeller.

c) Sebzeleri şişlerin üzerine koyun.

d) Basting sosunu yapmak için, tesettür malzemelerini birleştirin.

e) Sebzeli kebapları toplamda 15 ila 20 dakika ızgara yapın, sık sık sosla hafifçe kömürleşene kadar kızartın.

17.   Hellim şişleri

Toplam Süre: 45 Dakika

Verim: 1 porsiyon

Bileşen

- 250 gram Hellim, lokma büyüklüğünde parçalara ayrılmış
- 500 gram Küçük; yeni patatesler; haşlanmış
- Tuz ve biber
- Zeytin yağı
- Barbekü şişleri
- 2 yemek kaşığı Zeytinyağı
- 4 yemek kaşığı Beyaz şarap sirkesi
- Limon kabuğu rendesi
- Birkaç Yeşil zeytin; ince doğranmış
- Tutam Öğütülmüş kişniş
- Taze kişniş yaprakları; yırtık
- 1 diş sarımsak; ezilmiş
- 1 yemek kaşığı Tam tahıllı hardal
- Tuz ve biber
- 50 gram taze ot salatası

Talimatlar

a) Alternatif olarak Hellim ve patates parçalarını şişlerin üzerine koyun.

b) Zeytinyağı gezdirip tuz ve karabiber serpin.

c) Kebaplar iyice pişene kadar ızgarada mangal yapın.

d) Bu arada tüm sos malzemelerini bir kavanozda birleştirin.

e) Kebapları taze ot salatasının üzerine koyun ve sosu gezdirin.

18.   Şiş kırmızı patates

Toplam Hazırlama Süresi: 20 Dakika

Toplam Pişirme Süresi: 20 Dakika

Verim: 6 Porsiyon

Bileşen

- 2 kilo kırmızı patates

- $\frac{1}{2}$ su bardağı Su

- $\frac{1}{2}$ su bardağı Mayonez

- $\frac{1}{4}$ bardak et suyu

- 2 çay kaşığı kuru kekik

- $\frac{1}{2}$ çay kaşığı Sarımsak tozu

- $\frac{1}{2}$ çay kaşığı Soğan tozu

Talimatlar

a) Patatesleri mikrodalgaya uygun bir tabağa koyun.

b) Kapak ve mikrodalgada 12-14 dakika yüksekte.

c) Bir karıştırma kabında kalan malzemeleri birleştirin; patatesleri ekleyip 1 saat buzdolabında bekletin.

d) Marinayı boşaltın.

e) Patatesleri metal şişlerde veya suya batırılmış bambu şişlerde şiş.

f) Orta ateşte 4 dakika pişirin, kapağı açın, sonra çevirin, kalan
    marine sosuyla fırçalayın ve 4 dakika daha ızgara yapın.

19. Paspas soslu ızgara sebze şişleri

Toplam Hazırlama Süresi: 15 dakika

Toplam Pişirme Süresi: 15 dakika

Verim: 4 Porsiyon

İçindekiler
paspas sosu
- 1/2 fincan koyu siyah kahve

- 1/4 su bardağı soya sosu

- 1/2 su bardağı ketçap

- 2 yemek kaşığı zeytinyağı

- 1 çay kaşığı acı sos

- 1 çay kaşığı şeker

- 1/4 çay kaşığı tuz

- 1/4 çay kaşığı taze çekilmiş karabiber

sebzeler

- 1 büyük kırmızı veya sarı dolmalık biber, 11/2 inçlik parçalar halinde kesilmiş

- 1 inçlik parçalar halinde kesilmiş 2 küçük kabak

- 8 ons taze küçük beyaz mantar, hafifçe durulanmış ve kuru

- 6 orta arpacık, boyuna yarıya

- 12 adet olgun kiraz domates

Talimatlar

a) Kahve, soya sosu, ketçap, yağ, acı sos, şeker, tuz ve karabiberi küçük bir tencerede birleştirin. 20 dakika kısık ateşte pişirin.

b) Dolmalık biber, kabak, mantar, arpacık soğanı ve çeri domatesleri sığ bir fırın tepsisine şişlerin üzerine yerleştirin.

c) Paspas sosunun yarısını şiş sebzelerin üzerine dökün ve oda sıcaklığında 20 dakika marine edin.

d) Şişleri doğrudan ızgaradaki ısı kaynağının üzerine yerleştirin.

e) Sebzeler kızarana ve yumuşayana kadar, toplam 10 dakika, yarı yolda bir kez çevirerek ızgara yapın.

f) Bir tabağa aktarın ve kalan sosu her şeyin üzerine gezdirin. Hemen servis yapın.

20.   Izgara sebze şişleri

Toplam Hazırlama Süresi: 20 dakika

Toplam Pişirme Süresi: 20 dakika

Verim: 4 Porsiyon

İçindekiler

- 1 su bardağı iri doğranmış taze maydanoz

- 1 su bardağı iri doğranmış taze kişniş

- 3 diş sarımsak, ezilmiş

- 1/2 çay kaşığı öğütülmüş kişniş

- 1/2 çay kaşığı öğütülmüş kimyon

- 1/2 çay kaşığı tatlı kırmızı biber

- 1/2 çay kaşığı tuz

- 1/4 çay kaşığı öğütülmüş cayenne

- 3 yemek kaşığı taze limon suyu

- 1/3 su bardağı zeytinyağı

- 1 orta boy kırmızı dolmalık biber, uzunlamasına 11/2 inç kareler halinde kesilmiş

- 1 küçük patlıcan, 1 inçlik parçalar halinde kesilmiş

- 1 orta boy kabak, 1 inçlik parçalar halinde kesilmiş

- 12 beyaz mantar, hafifçe durulanmış ve kuru

- 12 adet olgun kiraz domates

Talimatlar

a) Maydanoz, kişniş ve sarımsağı bir karıştırıcıda veya mutfak robotunda birleştirin ve ince kıyılıncaya kadar işleyin.

b) Kişniş, kimyon, kırmızı biber, tuz, kırmızı biber, limon suyu ve yağı bir karıştırma kabında birleştirin. Tamamen pürüzsüz olana kadar işlem yapın. Küçük bir kaseye taşıyın.

c) Izgarayı önceden ısıtın.

d) Şişleri kullanarak dolmalık biber, patlıcan, kabak ve mantarları geçirin.

e) Çermoula sosunun yarısı şiş sebzelerin üzerine dökülerek oda sıcaklığında 20 dakika marine edilmelidir.

f) Şiş sebzeleri doğrudan ısıtılmış ızgaradaki ısı kaynağının üzerine yerleştirin.

g) Sebzeler kızarana ve yumuşayana kadar, toplam 10 dakika, yarı yolda bir kez çevirerek ızgara yapın.

h) Bir tabağa aktarın ve kalan sosu her şeyin üzerine gezdirin. Hemen servis yapın.

21.   Izgara polenta kareler

Toplam Hazırlama Süresi: 15 dk

Toplam Pişirme Süresi: 15 dk

Verim: 8 porsiyon

Bileşen

- 2 yemek kaşığı Sızma zeytinyağı

- $\frac{1}{2}$ orta boy kırmızı soğan; ince doğranmış

- 2 diş sarımsak; ince doğranmış

- 2 bardak stok; tercihen ev yapımı

- 2 su bardağı Su

- 1 çay kaşığı kaba deniz tuzu

- 1 su bardağı Polenta veya Kaba Öğütülmüş Sarı Mısır unu

- $\frac{1}{4}$ çay kaşığı Karabiber; Taze çekilmiş

- ⅓ fincan Cotija peyniri; taze rendelenmiş

- 2 yemek kaşığı tuzsuz tereyağı

- Zeytin yağı; fırçalamak için

Talimatlar

a) Zeytinyağını büyük bir ağır tencerede düşük ateşte ısıtın. Soğanı yaklaşık 3 dakika kavurun ve ardından sarımsağı ekleyin.

b) Et suyu, su ve tuzu ara sıra karıştırarak yüksek ateşte kaynatın.

c) Isıyı en aza indirin ve sıvı kaynadıktan sonra polentayı ince bir akış halinde sürekli karıştırarak yavaşça çiseleyin.

d) Isıyı çok düşük bir ayara düşürün. Tahta bir küreğe geçin ve her 1 veya 2 dakikada bir 25 ila 30 dakika veya polenta taneleri yumuşayana ve karışım tencerenin kenarlarından uzaklaşana kadar kuvvetlice karıştırın. Karabiber, cotija ve tereyağı ekleyin ve iyice karıştırın.

e) Su kullanarak 8 x 12 inçlik bir kızartma tavasını durulayın ve kurutun. Polentayı tavaya koyun ve çok sıcak suya batırılmış kauçuk bir spatula ile tavaya eşit şekilde yayın.

f) 1 saat oda sıcaklığında veya 24 saate kadar buzdolabında, üzeri bir havlu ile örtülü olarak bekletin.

g) Izgara tavasına yağ sürün. Polentayı zeytinyağı ile fırçalayın ve 8 eşit kareye kesin.

h) Kareleri ızgara tepsisine aktarın ve her iki tarafta 8 dakika veya altın rengi kahverengi olana kadar pişirin.

22. Barbekü atıştırmalık

Toplam Hazırlama Süresi: 10 Dakika

Toplam Pişirme Süresi: 45 Dakika

Verim: 18 Porsiyon

Bileşen

- 3 yemek kaşığı Margarin veya tereyağı; erimiş

- $\frac{1}{4}$ fincan Barbekü sosu

- $\frac{3}{4}$ çay kaşığı Sarımsak tuzu

- $\frac{1}{4}$ çay kaşığı Barbekü baharatı

- 7 su bardağı Quaker¨ Yulaf Ömrü Tahıl

- 1 su bardağı Pretzel çubukları

- 1 su bardağı kuru kavrulmuş fıstık

Talimatlar

a) Izgarayı 250 derece Fahrenheit'e kadar önceden ısıtın.

b) 15 x 10 inç jöle rulo tavada tahıl, simit ve badem ayarlayın.

c) Margarini küçük bir sos tavasında kısık ateşte eritin. Barbekü sosunu, sarımsak tuzunu ve barbekü baharatını 3-5 dakika veya hafifçe koyulaşana kadar karıştırın.

d) Barbekü sosunu mısır gevreği üzerine eşit şekilde dökün. Her şeyi eşit şekilde kaplamak için karıştırın.

e) Her 20 dakikada bir karıştırarak 1 saat ızgara yapın.

23.   Peynirli meze kurabiyeleri

Toplam Hazırlama Süresi: 10 dakika

Toplam Pişirme Süresi: 14 dakika

Verim: 1 porsiyon

Bileşen

- 1 su bardağı rendelenmiş keskin kaşar peyniri.

- $\frac{1}{2}$ su bardağı Mayonez veya yumuşatılmış tereyağı

- 1 fincan çok amaçlı un

- $\frac{1}{2}$ çay kaşığı Tuz

- 1 çizgi öğütülmüş kırmızı biber

Talimatlar

a) Ölçü kabının yarısını unla doldurun.

b) Orta boy bir tabakta peynir, margarin, un, tuz ve kırmızı biberi birleştirin.

c) 1 saat soğutun.

d) Hamurdan 1 inçlik toplar yapın.

e) Yağlanmamış bir ızgara üzerine topları 2 inç aralıklarla yerleştirin.

f) Bir çatalla düzleştirin.

g) 10-12 dakika ızgara yapın ve hemen servis yapın.

24. Simit aperatif cips

Toplam Hazırlama Süresi: 20 Dakika

Toplam Pişirme Süresi: 5 Dakika

Verim:6 porsiyon

Bileşen

- 6 Sade simit

- 6 yemek kaşığı tereyağı; yumuşatılmış

- 3 çay kaşığı Sarımsak, kıyılmış

Talimatlar

a) Segmenti kesmek için kesme tahtası üzerine düz bir şekilde yerleştirin.

b) Simiti tırtıklı bir bıçakla dikey olarak ortadan ikiye kesin. Kesilmiş tarafları alta gelecek şekilde kesme tahtasına yerleştirin. Yarımları 14 inç kalınlığında ince dilimler halinde kesin.

c) Bir ızgara üzerine yerleştirin.

d) Tereyağı ve sarımsağı küçük bir tabakta birleştirin ve simit dilimlerinin üzerine yayın.

e) Dilimlerin üstleri hafifçe kızarana kadar ızgara yapın. Tel raf üzerinde soğumaya bırakın.

25.   Barbekü munch karışımı

Toplam Hazırlama Süresi: 20 dk

Toplam Pişirme Süresi: 1 saat

Verim: 7 Porsiyon

Bileşen

- 1 bardak Cheerios

- 1 su bardağı Kaşık büyüklüğünde rendelenmiş buğday

- 1 su bardağı Corn Chex veya mısır kepeği

- 1 su bardağı Pretzel

- $\frac{1}{2}$ su bardağı kuru ızgara fıstık

- $\frac{1}{2}$ su bardağı Ayçiçeği tohumu

- 1 yemek kaşığı tereyağı veya margarin

- 1 yemek kaşığı Worcestershire sosu

- 1 çay kaşığı biber tozu

- 1 çay kaşığı öğütülmüş kekik

- 1 çay kaşığı kırmızı biber

- 1 çay kaşığı Tabasco sosu; ya da tatmak

- $\frac{1}{2}$ su bardağı Mısır taneleri veya mısır külçeleri

- 1 su bardağı az yağlı susam çubukları

Talimatlar

a) Izgarayı 350 dereceye kadar önceden ısıtın.

b) Büyük bir karıştırma kabında tahılları, simitleri, bademleri ve tohumları birleştirin.

c) Küçük bir tabakta tereyağı, Worcestershire, biber tozu, kekik, kırmızı biber ve Tabasco'yu birleştirin. Sosu tahıl karışımının üzerine dökün ve iyice karıştırın.

d) Bir ızgara tavaya yayın ve iki kez karıştırarak 15 dakika pişirin. soğumaya bırakın.

e) Mısır taneleri ve susam çubukları ile birleştirin ve servis yapın.

26.   Barbekü fındık

Toplam Hazırlama Süresi: 5 dakika

Toplam Pişirme Süresi: 25 dakika

Verim: 8

Bileşen

- 1 kilo çiğ badem

- 1 pound çiğ filberts

- 3 yemek kaşığı Tamari

- 1 yemek kaşığı öğütülmüş chipotle

- 1 çay kaşığı tuz

Talimatlar

a) Fındıkları tuz ve chipotle baharatı ile baharatlayın.

b) Fırın tepsisini kapatın ve somunları tek bir tabaka halinde yerleştirin.

c) Her 15 dakikada bir karıştırarak 300 derecede 30 dakika tütsüleyin.

d) Gevrek bir doku elde etmek için tamamen soğumaya bırakın.

27.   Izgarada S'mores

Toplam Hazırlama Süresi: 10 Dk

Toplam Pişirme Süresi: 10 Dk

Verim: 4 Porsiyon

İçindekiler

- Bir avuç Graham kraker

- Bir avuç Sütlü veya bitter çikolatalı çubuklar

- Bir avuç M ve M

- Bir avuç fıstık ezmesi

- bir avuç çikolata

- Bir avuç Marshmallow

Talimatlar

a) Izgarayı orta ayarda önceden ısıtın.

b) Düz bir yüzeye 10 "x 12" boyutunda bir folyo parçası yerleştirin.

c) Bir graham krakerini parçalayın ve folyonun üzerine yerleştirin.

d) Seçtiğiniz şekeri graham krakeri üzerine yerleştirin, ardından seçtiğiniz marshmallow ile doldurun.

e) Folyoya hafifçe sarın ve kalan graham kraker kırıntıları ile üstüne koyun.

f) Izgarada 2 ila 3 dakika veya hatmi eriyene kadar ısıtın.

28.   Izgara biber s'mores

Toplam Hazırlık Süresi2 dakika

Toplam Pişirme Süresi3 dakika

Verim: 6 Porsiyon

Bileşen

- 6 Bütün közlenmiş biber; soyulmuş

- Yarım kilo taze mozzarella

- 1 demet Biberiye

- Kaba tuz; tatmak

- Taze çekilmiş karabiber; tatmak

- 3 çay kaşığı Zeytinyağı

Talimatlar

a) Her biberin içine bir parça peynir koyun.

b) Bitirmek için küçük bir dal biberiye, tuz, karabiber ve 1/2 çay kaşığı zeytinyağı ekleyin. Her bir biberin üstünü doğranmış kısımla kapatın.

c) Izgarayı orta-yüksek ısıya önceden ısıtın.

d) Biberleri ızgaraya koyun ve peynir eriyene kadar maşa ile çevirerek her iki tarafını 2 dakika pişirin. Ateşten alıp servis tabağına alın.

e) Zeytinyağı gezdirin, tuz ve karabiber serpin ve biberiye dalı ile süsleyin. Hemen servis yapın.

29.   **Izgara domates ve peynir turtaları**

Toplam Süre: 30 Dakika

Verim: 4 Porsiyon

Bileşen

- 4 dilim Ekmek, beyaz
- 1 büyük Domates, silinmiş ve Segmente edilmiş
- 4 dilim Keçi Peyniri Yuvarları her biri 2 ons

Pansuman

- 2 yemek kaşığı Zeytinyağı
- 2 çay kaşığı Limon suyu
- 1 çay kaşığı Sirke, Balzamik
- Tuz ve taze çekilmiş karabiber
- Salata yaprakları seçimi

Talimatlar

a) Izgarayı önceden ısıtın.

b) 3 inçlik yuvarlak metal bir kesici ile ekmek parçalarından dört tur kesin, ardından orta dereceli bir fırında 1-2 dakika veya altın rengi kahverengi olana kadar kızartın.

c) Tost turtalarını domates ve keçi peynirli turtalarla doldurun ve altın rengi olana kadar 4-5 dakika daha ısıtın.

d) Sos malzemelerini birleştirin, ardından ızgara keçi peynirlerini servis tabaklarında marul yapraklarından oluşan bir yatak üzerine yerleştirin.

e) Üzerine sosu serpin ve hemen servis yapın.

30.   Izgara mavi peynir dilimleri

Toplam Süre: 30 dk

Verim: 8 Segment

Bileşen
- $\frac{1}{4}$ fincan margarin veya yumuşatılmış tereyağı
- $\frac{1}{4}$ fincan ufalanmış mavi peynir
- 2 yemek kaşığı rendelenmiş Parmesan peyniri
- $\frac{1}{2}$ somun Fransız Ekmeği,yatay olarak kesmek

Talimatlar

a) Margarin ve peynirleri birleştirin.

b) Peynir karışımını dilimlenmiş bir tarafa yayın.

c) Alüminyum folyoya sıkıca sarın.

d) Ekmeği orta dereceli kömürlerden 5 ila 6 inç arasında bir kez döndürerek 6 dakika ızgara yapın.

31.   Izgara peynirli bruschetta

Toplam Hazırlama Süresi: 15 Dakika

Toplam Pişirme Süresi: 15 Dakika

Verim: 4 Porsiyon

Bileşen

- 8 kalın dilim ekmek
- $\frac{1}{4}$ su bardağı Zeytinyağı
- 5 diş ezilmiş sarımsak
- 1 su bardağı Monterey Jack peyniri
- 8 ons yumuşak keçi peyniri
- 2 yemek kaşığı karabiber
- 2 yemek kaşığı kekik

Talimatlar

a) Sarımsak yağını ekmeğin her parçasına fırçalayın.

b) Yumuşak altın kahverengi olana kadar, yağ tarafı aşağı bakacak şekilde ızgara yapın.

c) Servis yapmadan önce her bölümü 2 yemek kaşığı Monterey Jack, 1 ons keçi peyniri, karabiber ve kekik ile doldurun.

d) Peynir erimeye başlayana kadar ızgara yapın.

SADE SEBZELER

32.   Viski ve Miso-Marinade ile Shiitake

Toplam Hazırlama Süresi: 10 dakika

Toplam Pişirme Süresi: 3 dakika

Verim: 6

İçindekiler

- 600g shiitake

- Viski ve miso turşusu

- 4 yemek kaşığı viski

- 4 yemek kaşığı kanola yağı

- 2 yemek kaşığı koyu miso

- 2 yemek kaşığı tamari

- $\frac{1}{2}$ limon suyu

- 1 yemek kaşığı şeker kamışı

- 1 diş sarımsak

- 1 çay kaşığı susam yağı

Hizmet etmek

- 6 yumurta sarısı

- deniz tuzu gevreği

Talimatlar

a) Bir mutfak robotu kullanarak, tüm marine malzemelerini birleştirin.

b) Mantarları temizleyip kalın dilimler halinde doğrayın. Onları marine ile fırçalayın ve bir fırın parşömen yaprağına koyun.

c) Izgarayı önceden ısıtın.

d) Mantarları ızgara yapın, ters çevirin ve gerektiğinde ilave turşuyla kaplayın. Mantarlar güzel karamelize altın-kahverengi bir renge döndüklerinde yapılır.

e) Mantarları bir tabağa koyun. Tabağın ortasına bir yumurta sarısı koyun ve kekik, deniz tuzu pulları ve peygamber çiçeği yapraklarıyla süsleyin.

33. Shiitake ile bira ile marine edilmiş patlıcan

Toplam Hazırlama Süresi: 10 Dakika

Toplam Pişirme Süresi: 25 Dakika

Verim: 6

İçindekiler

Bira ile marine edilmiş patlıcan

- 3 büyük patlıcan

- 330 ml bira

- 2 diş sarımsak, hafifçe ezilmiş

- 2 yemek kaşığı malt sirkesi

- 2 çay kaşığı tuz

Domates sosu

- 6 büyük domates

- 2 yemek kaşığı zeytinyağı

- 2 küçük sarı soğan, ince doğranmış

- 1 yemek kaşığı domates püresi

- 1 yemek kaşığı beyaz şarap sirkesi

- 1 yemek kaşığı toz deniz topalak

- 100 ml mantar suyu

- Shiitake tereyağı attı

- 2 yemek kaşığı kanola yağı

- 300 gr şitaki

- 2 yemek kaşığı tuzsuz tereyağı

- 1 yemek kaşığı viski

- tuz

Hizmet etmek

- 2-3 dal kişniş

Talimatlar

a) Plastik bir torbada marine edilmiş malzemeleri birleştirin, ardından patlıcan dilimlerini ekleyin.

b) 7-8 saat buzdolabında bekletin.

c) Bir kaseye domatesleri ikiye bölün ve ince rendeleyin.

d) Orta boy bir tavada zeytinyağını ısıtın ve soğanları hafifçe kızartın.

e) Domates püresini ekledikten sonra sıcaklığı biraz yükseltin.

f) Sirke, deniz topalak tozu, mantar suyu ve rendelenmiş domatesleri dökün. Isıyı en aza indirin, tadı tuzlayın ve 20-30 dakika pişirin.

g) Marine edilmiş patlıcan dilimlerini çıkarın ve kabuklu ve koyu bir renk alana kadar ızgara yapın.

h) Bir tavada kanola yağını tütene kadar ısıtın. Mantarları ekleyin ve kahverengileşmeye başlayana kadar pişirin. Isıyı en aza indirin ve tereyağını ekleyin.

i)   Bir tabakta veya bir kasede servis yapın. Patlıcan dilimlerinin üzerine biraz domates sosu dökün, ardından mantarları ve kişnişi ekleyin.

34. Burrata, Yumurta Sarısı ve Kumkuat Soslu Izgara Kuşkonmaz

Toplam Hazırlama Süresi: 10 dakika

Toplam Pişirme Süresi: 5 dakika

Verim: 6

İçindekiler

- 1 kg kuşkonmaz

- 2 yemek kaşığı kanola yağı

- Kamkat sosu

- 12 kamkat, dilimlenmiş

- 2 yemek kaşığı rendelenmiş zerdeçal

- 1 vanilya çubuğu uzunlamasına bölünmüş

- 3 yıldızlı anason

- 100 ml bal

- 300 ml su

Hizmet etmek

- 6 burrata topları

- 6 yumurta sarısı

- 6 yemek kaşığı Kavrulmuş Karabuğday

- 6 çay kaşığı Pırasa Külü

Talimatlar

a) Yüksek ateşte bir tencerede, tüm malzemeleri 10 dakika
    kaynatın.

b) Bir elek kullanarak sosu bir kaseye süzün.

c) Kesilmiş kuşkonmazı bir kapta kanola yağı ile birleştirin.

d) Kuşkonmazı ızgaraya yerleştirin. Onları yakmamaya dikkat
    ederek 5 dakika ileri geri yuvarlayın. Biraz karardıktan sonra
    ızgaradan çıkarın.

e) Bir burrata topunu elinizle ikiye bölün. Bir tepsiye dizip
    kremanın süzülmesi için kenara alın. Yanına bir yığın
    kuşkonmaz koyun, üstüne yumurta sarısı sürün, ardından
    sarısı akana kadar burratayı kesin.

f) Üzerine 3-4 yemek kaşığı kamkat sosu gezdirin.

35.   Izgara sebzeli Doğu salamura

Toplam Hazırlama Süresi: 10 dakika

Toplam Pişirme Süresi: 2 Saat

Verim: 2 1/2 bardak

Bileşen

- 6 diş sarımsak; kıyılmış

- 2 yemek kaşığı Zencefil; kıyılmış

- 2 limon

- $\frac{1}{2}$ su bardağı nane yaprağı; doğranmış

- $\frac{1}{2}$ fincan Kişniş; doğranmış

- $\frac{1}{2}$ fincan Fesleğen; doğranmış

- 3 Yeşil soğan; kıyılmış

- 8 Serrano biberi; kıyılmış

- $\frac{1}{2}$ su bardağı Zeytinyağı

- $\frac{1}{2}$ fincan Şeri; kuru

- $\frac{1}{4}$ fincan İstiridye sosu

- $\frac{1}{4}$ fincan soya sosu

- $\frac{1}{4}$ fincan Bal

- 1 yemek kaşığı biber sosu

Talimatlar

a) Limon kabuğu rendesini çıkarın ve limon suyunu rendeleyin.

b) Malzemeleri karıştırın ve marine edin.

c) Ara sıra çevirerek ve salamura ile fırçalayarak 2 saat ızgara yapın.

36.   Gremolata ile Izgara Karnabahar

Toplam Hazırlama Süresi: 20 Dakika

Toplam Pişirme Süresi: 30 Dakika

Verim: 6

İçindekiler

- 2 adet karnabahar başı

- 100 ml kanola yağı

- 150 gr tuzsuz tereyağı

- tuz

- gremolata

- 6 yemek kaşığı ince kıyılmış maydanoz yaprağı

- 2 yemek kaşığı çam fıstığı, kavrulmuş

- 1 yemek kaşığı ince doğranmış yeşil biber

- 1 yemek kaşığı ince doğranmış sarımsak

- 1 limon, ince rendelenmiş

- deniz tuzu gevreği

- 90 gr beyaz kuş üzümü

Talimatlar

a) Karnabaharı pişirmek için bir paket yapmak için biraz daha büyük bir mutfak folyosu tabakasının üzerine biraz daha küçük bir pişirme parşömen tabakası koyun.

b)   Bir karıştırma kabında, tüm gremolata bileşenlerini birleştirin.

c)   Her bir karnabahar diliminin her iki tarafını da yağ ile hafifçe fırçalayın.

d)   Onları fırın kağıdına koyun, yağlayın ve tuzlayın. Izgara.

e)   Kapalı bir pakete katlayın ve kapağı kapatmadan önce - tercihen daha az ısıtılmış bir konumda - ızgaraya geri yerleştirin.

f)   30 dakika sonra paketi açın ve karnabaharın muhteşem altın-kahverengi bir renk alıp almadığını kontrol edin.

g)   Her tabağa bir dilim karnabahar koyun, ardından cömert bir yemek kaşığı gremolata ve beyaz kuş üzümü ekleyin.

37.   Fasulye Filizli Izgara Bezelye ve Taze Soğan

Toplam Hazırlama Süresi: 5 Dakika

Toplam Pişirme Süresi: 20 Dakika

Verim: 6

İçindekiler

- 12 adet küçük soğan

- 3 yemek kaşığı zeytinyağı

- 1 kg bakla içinde bezelye

- 125 gr fasulye filizi

- 10 gr doğranmış nane yaprağı

- deniz tuzu gevreği

Talimatlar

a) Taze soğanları mümkün olduğunca çok yaprak tutacak şekilde uzunlamasına bölün.

b) Taze soğanların kesilmiş kenarlarını yağ ile fırçalayın.

c) Taze soğanları ızgaraya koyun ve 10 dakika ya da yumuşayıp biraz renk alana kadar pişirin.

d) Onları ters çevirin ve diğer tarafta 5 dakika daha pişirin. Taze soğanları geniş bir karıştırma kabına alın.

e) Bezelyeleri ızgaradaki kabuklarına yerleştirin ve baklalar kararmaya başlayana kadar 5 dakika pişirin. Ters çevirdikten sonra 5 dakika daha bekletin.

f) Bezelyeleri işlenecek kadar soğuk olduklarında kabuklarından çıkarın ve taze soğanlarla birlikte kaseye koyun.

g) Kalan yağı kaseye dökün, ardından fasulye filizi ve nane.

h) Tuzla tatlandırın ve her şey havalanana kadar karıştırın – ideal olarak ellerinizi kullanarak.

38.　　　Kömürde ızgara shiitake

Toplam Süre: 10 dakika

Verim: 4 Porsiyon

Bileşens

- 8 ons Shiitake, yıkanmış ve sapları atılmış
- 1 yemek kaşığı Zeytinyağı
- 1 yemek kaşığı Tamari
- 1 yemek kaşığı Sarımsak, ezilmiş
- 1 çay kaşığı Biberiye, kıyılmış
- Tuz ve karabiber
- 1 çay kaşığı akçaağaç şurubu
- 1 çay kaşığı Susam yağı
- olgunlaşmamış soya fasülyesi

Talimatlar

a) Mantarları diğer malzemelerle birlikte 5 dakika marine edin.

b) Kapakları közlerin üzerinde hafifçe kızarana kadar ızgara yapın.

c) Edamame ile süsleyin.

39.   Izgara konfeti sebzeleri

Toplam Süre: 20 dakika

Verim: 4 Porsiyon

Bileşens

- 8 Kiraz domates; - yarıya, 10'a kadar

- 1½ su bardağı koçanından kesilmiş mısır

- 1 tatlı kırmızı biber; jülyen

- ½ orta boy yeşil biber; jülyen

- 1 küçük soğan; bölümlere ayrılmış

- 1 yemek kaşığı taze fesleğen yaprağı; doğranmış

- ¼ çay kaşığı rendelenmiş limon kabuğu

- Tuz ve biber; tatmak

- 1 yemek kaşığı + 1 çay kaşığı tuzsuz tereyağı veya; margarin; kesilmiş

Talimatlar

a) Büyük bir karıştırma kabında tereyağı hariç tüm malzemeleri birleştirin; birleştirmek için hafifçe karıştırın.

b) Her yarıyı ağır hizmet tipi bir alüminyum folyo levhanın ortasına yerleştirin.

c) Sebzelerin üzerine tereyağı sürün.

d) Folyonun köşelerini bir araya getirin ve mühürlemek için bükün.

e) Folyo paketlerini orta derecede sıcak kömürlerin üzerinde 15 ila 20 dakika veya sebzeler pişene kadar ızgara yapın.

f) Hemen servis yapın.

40.   Sebzeleri ızgaraya bırakın

Toplam Hazırlama Süresi: 20 Dakika

Toplam Pişirme Süresi: 30 Dakika

Verim: 1 porsiyon

Bileşens

- 2 Fırında patates,soyulmuş ve doğranmış

- 2 tatlı patates,soyulmuş ve doğranmış

- 1 Meşe palamudu kabağı,soyulmuş ve doğranmış

- $\frac{1}{4}$ fincan Tereyağı; erimiş

- 3 yemek kaşığı Bitkisel yağ

- 1 yemek kaşığı kekik

- Tatmak için biber ve tuz

Talimatlar

a) Dolaylı ızgara için ızgarayı hazırlayın.

b) Bir karıştırma kabında sebzeleri, yağı, tuzu ve biberi birleştirin.

c) Küçük bir tabakta tereyağı ve kekiği birleştirin.

d) Sebzeleri ızgaraya yerleştirin.

e) Üstü kapalı olarak 15 dakika pişirin.

f) Çevirin, tereyağı ve kekik karışımıyla fırçalayın ve sebzeler yumuşayana kadar 15 dakika daha pişirin.

41. Izgara meşe palamudu kabak ve kuşkonmaz

Toplam Hazırlama Süresi: 10 dk

Toplam Pişirme Süresi: 25 dk

Verim: 1 porsiyon

İçindekiler

- 4 Meşe palamudu kabağı
- Tuz; tatmak
- Biber; tatmak
- 4 biberiye dal
- 4 yemek kaşığı Soğan; kıyılmış
- 4 yemek kaşığı kereviz; kıyılmış
- 4 yemek kaşığı Havuç; kıyılmış
- 4 yemek kaşığı Zeytinyağı
- 2 su bardağı sebze suyu
- 1 pound Kinoa; yıkanmış
- 2 kilo taze yabani mantar
- 2 kilo kuşkonmaz

Talimatlar

a) Meşe palamudu kabuğunun her tarafına tuz, biber, yağ ve biberiye sürün.

b) 8 dakika yüzü aşağı bakacak şekilde ızgara yapın.

c) Çevirin, 20 dakika pişirin, kapağı kapalı, içi biberiye ile.

d) Bir tencerede soğan, kereviz, havuç ve 1 yemek kaşığı zeytinyağını birlikte kavurun.

e) Stok ve kinoayı ekleyin ve kaynatın. Kapak tamamen kapalıyken 10 dakika pişirin. Kabağı açın ve kinoa karışımıyla doldurun. On dakika daha pişirin.

f) Hafif bir zeytinyağı, tuz ve karabiber kaplamasıyla mantarları ve kuşkonmazı atın.

g) Her iki tarafta 3 dakika ızgara yapın.

h) Kabağı içine kinoa, kuşkonmaz ve etrafa mantar serpiştirerek servis yapın.

42.   Füme Domatesli ve Çam Fıstıklı Patlıcan

Toplam Hazırlama Süresi: 30 dakika

Toplam Pişirme Süresi: 30 dakika

Verim: 6

İçindekiler

- 6 orta boy patlıcan

- 3 limon

- 400 ml su

- 1 çay kaşığı tuz

- 2-3 diş sarımsak, ezilmiş

- 1 dal maydanoz

- 1 tutam lavanta

- 1 çay kaşığı karabiber

- 1 çay kaşığı kişniş tohumu

- 12 Füme Domates

- 2 oz. kavrulmuş çam fıstığı

- 1 dal maydanoz

Talimatlar

a) Patlıcanları birkaç yerinden deldikten sonra doğrudan kızgın kömürün üzerine koyun.

b) Patlıcanları 15 dakika ya da kabukları kızarıp eti yumuşayana kadar közleyin.

c) Limonları ortadan ikiye kesin ve rengi dönene kadar kesik tarafı alta gelecek şekilde pişirin.

d) Patlıcanlar soğuduktan sonra kabuklarını soyup tüm yanmış deriyi çıkardığınızdan emin olun.

e) Bir tencerede suyu ve tuzu kaynatın. Tavayı ateşten alın. Sarımsak, maydanoz, yaban mersini, karabiber ve kişniş tohumları şimdi eklenmelidir.

f) Kalan patlıcan sıvısını ve domateslerden tütsülenmiş yağı ekleyin.

g) Her tabağa bir patlıcan dilimi ve iki füme domates koyun. Üzerine bir yemek kaşığı dolmalık fıstık ekleyin. Üzerine biraz et suyu, yarım limon ve maydanoz yaprağı ekleyin.

43.   Feta ve Dukkah ile Kavrulmuş Kırmızı Pancar

Toplam Hazırlama Süresi: 20 dakika

Toplam Pişirme Süresi: 1 saat

Verim: 6

İçindekiler

- 6 küçük kırmızı pancar

- 6 dilim ekşi mayalı ekmek

- tuzsuz tereyağı

- 2 oz. beyaz peynir, tercihen keçi sütü ile yapılır

- 6 çay kaşığı Duka

- taze karışık otlar, örneğin kekik, maydanoz, shiso ve fesleğen

- deniz tuzu gevreği

Talimatlar

a) Pancarları alın ve ızgaranın kömürsüz tarafına koyun.

b) Kapağı kapatın ve hafifçe bastırıldığında pancarlar yumuşayana kadar dolaylı ısıda 1 saat kızartın.

c) Pancarlar kendinizi yakmadan işleyebilecek kadar soğuyunca kabuklarını soyun.

d) Ekmek parçalarını tereyağlayın, ardından bir tarafı yağsız olarak hızlıca ızgara yapın, ardından ters çevirin ve açık ızgara şeritleri görünene kadar ısıtın.

e) Pancarları dilimleyin ve üstüne beyaz peynir kırıntıları serpin. Peyniri eritmek için birkaç dakika ızgaraya koyun.

f) Her dilim kızarmış ekmek üzerine birkaç dilim beyaz peynirli pancar koyun, üstüne Dukkah, otlar ve deniz tuzu gevreği koyun ve servis yapın.

44.   Salamura ızgara sebzeler

Toplam Hazırlama Süresi: 15 dakika

Toplam Pişirme Süresi: 1 saat

Verim: 6 Porsiyon

Bileşen

- 2 su bardağı sızma zeytinyağı

- $\frac{1}{2}$ su bardağı balzamik sirke

- 2 yemek kaşığı kıyılmış arpacık

- 1 yemek kaşığı kıyılmış sarımsak ezmesi

- $\frac{1}{2}$ su bardağı şifon fesleğen

- 1 turp başı; dörde bölünmüş

- 2 kreole domates; 1/4 kalınlıkta parçalı

- 1 kırmızı soğan; Parçalı 1/4 yüzük

- 1 kabak; 1/4 kalınlıkta parçalı

- 2 su bardağı Bölünmüş çeşitli yabani mantar

- 1 sarı kabak; 1/4 kalınlıkta parçalı

- $\frac{1}{2}$ kilo kuşkonmaz mızrakları; beyazlatılmış

- 1 tuz; tatmak

- 1 taze çekilmiş karabiber; tatmak

Talimatlar

a) Izgarayı ısıtın. Sebzeleri 2 yemek kaşığı zeytinyağı, tuz ve karabiberle tatlandırın.

b) Tüm sebzeleri (mantarlar hariç) ızgaraya koyun ve her iki tarafını 2'şer dakika ızgara yapın.

c) Bir karıştırma kabında zeytinyağı, sirke, arpacık soğanı, sarımsak ve fesleğeni birlikte çırpın. Salamurayı tuz ve karabiberle tatlandırın.

d) Sebzeleri ızgaradan çıkarın. Bir cam sufle tabağına farklı sebzeleri sırayla yerleştirin. Salamurayı sebzelerin üzerine dökün ve 12 saat veya gece boyunca marine etmeye bırakın.

45.   Chimichurri ızgara sebzeler

Toplam Hazırlama Süresi: 30 dakika

Toplam Pişirme Süresi: 15 dakika

4 Porsiyon Verin

İçindekiler

- 2 orta arpacık, dörde bölünmüş

- 3 diş sarımsak, ezilmiş

- 1/3 su bardağı taze maydanoz yaprağı

- 1/4 su bardağı taze fesleğen yaprağı

- 2 çay kaşığı taze kekik

- 1/2 çay kaşığı tuz

- 1/4 çay kaşığı taze çekilmiş karabiber

- 2 yemek kaşığı taze limon suyu

- 1/2 su bardağı zeytinyağı

- 1 orta boy kırmızı soğan, boyuna ikiye bölünmüş, sonra dörde bölünmüş

- 1 orta boy tatlı patates, soyulmuş ve 1/2 inçlik dilimler halinde kesilmiş

- 1 küçük kabak, çapraz olarak 1/2 inç kalınlığında dilimler halinde kesilmiş

- 2 olgun plantain, boyuna ikiye bölündü, sonra yatay olarak ikiye bölündü

Talimatlar

a) Izgarayı önceden ısıtın.

b) Arpacıkları ve sarımsağı bir karıştırıcıda veya mutfak robotunda ince kıyılmış olana kadar karıştırın.

c) Maydanoz, fesleğen, kekik, tuz ve biber ince kıyılıncaya kadar nabız atın. Limon suyu ve zeytinyağı iyice birleşene kadar işleyin. Küçük bir kaseye taşıyın.

d) Sebzeleri Chimichurri sosuyla fırçalayın.

e) Onları pişirmek için ızgaraya koyun.

f) Sebzeler yumuşayana kadar ızgaraya devam edin, plantainler hariç her şey için 10 ila 15 dakika, ki bu 7 dakikada yapılmalıdır.

g) Kalan sostan bir tutam ile hemen servis yapın.

GARNİTÜRLER

46.   Şampanya ızgara pırasa

Toplam Hazırlama Süresi: 10 dakika

Toplam Pişirme Süresi: 23 dakika

Verim: 4 Porsiyon

İçindekiler

- 6 orta boy sızıntı, düzeltilmiş

- 2 yemek kaşığı Zeytinyağı

- 1 su bardağı Taze kekik; kabaca doğranmış

- 2 bardak Şampanya

- 1 bardak stok

- 1 su bardağı ufalanmış beyaz peynir

- Tuz ve biber; tatmak

Talimatlar

a) Zeytinyağını büyük bir Sear tavasında orta ateşte ısıtın.

b) Isınan yağa kekik ekleyin ve 1 dakika çırpın. Pırasaları 3 dakika ya da her tarafı hafifçe kızarana kadar kızartın.

c) Şampanyayı ve suyu ekleyin ve pırasalar yumuşayana kadar yaklaşık 8 dakika pişirin. Pırasaları tavadan çıkarın ve bir kenara koyun.

d) Kalan sosu yarı yarıya azalana kadar tavada pişirin.

e) Bu arada, orta derecede sıcak bir kömür ateşinde 8 ila 10 dakika boyunca pırasaları birkaç kez döndürerek ızgara yapın.

f) Pırasaları ızgaradan çıkarın ve uzunlamasına ikiye bölün.

g) Hemen servis yapın, her porsiyonun üzerine beyaz peynir ve az miktarda sos gezdirin.

47.   Peynirli ızgara patates

Toplam Hazırlama Süresi: 10 dakika

Toplam Pişirme Süresi:35 dakika

Verim: 4 Porsiyon

İçindekiler

- 3 Russet patates, her biri 8'e uzunlamasına dilimler halinde kesilmiş

- 1 Soğan, ince dilimlenmiş

- 2 yemek kaşığı Zeytinyağı

- 1 yemek kaşığı doğranmış taze maydanoz

- $\frac{1}{2}$ çay kaşığı Sarımsak tozu

- $\frac{1}{2}$ çay kaşığı Tuz

- $\frac{1}{2}$ çay kaşığı Kaba öğütülmüş biber

- 1 su bardağı rendelenmiş kaşar peyniri veya Colby-jack peyniri

Talimatlar

a) Büyük bir tabakta patates dilimlerini, soğanı, yağı, maydanozu, sarımsak tozunu, tuzu ve biberi birleştirin.

b) Bir folyo ızgara tepsisine tek bir tabaka halinde yerleştirin. İkinci bir folyo tava ile örtün. Paketin kapalı kenarını güçlendirmek için folyo kullanın.

c) Orta ateşte bir ızgaraya koyun ve 40 ila 50 dakika veya yumuşayana kadar pişirin, ara sıra paketi sallayın ve ızgaranın yarısında baş aşağı çevirin. Kapağı çıkarın ve peynirle doldurun.

d) Peynir eriyene kadar kapağı kapalı olarak 3 ila 4 dakika daha pişirin.

48.   Izgara kabak ve kabak

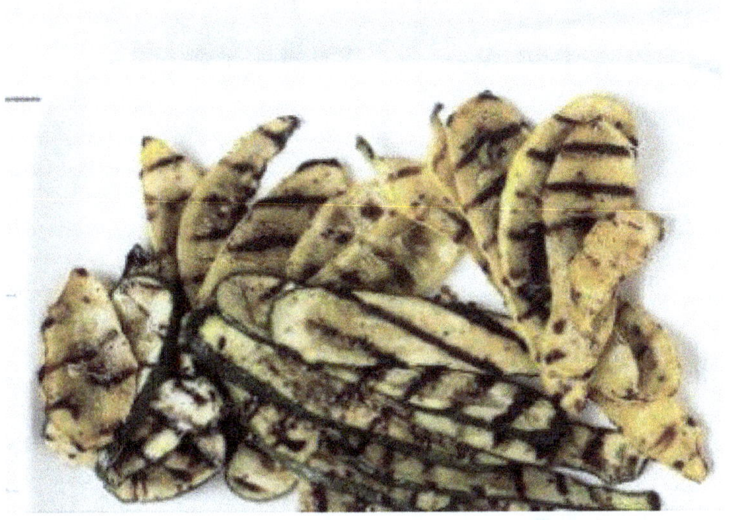

Toplam Hazırlama Süresi: 10 Dakika

Toplam Pişirme Süresi: 15 Dakika

Verim: 4 Porsiyon

İçindekiler

- $\frac{1}{4}$ su bardağı Zeytinyağı
- 1 yemek kaşığı kıyılmış sarımsak
- $\frac{1}{4}$ fincan kıyılmış taze şili biber
- 2 yemek kaşığı Comino tohumu
- Tatmak için biber ve tuz
- 2 orta boy Kabak, boyuna kesilmiş
- 2 orta boy Yaz kabağı, kesilmiş
- $\frac{1}{4}$ su bardağı Zeytinyağı
- $\frac{1}{3}$ fincan taze limon suyu
- 3 yemek kaşığı Bal
- $\frac{1}{4}$ fincan Kabaca doğranmış taze kişniş
- Tatmak için biber ve tuz

Talimatlar

a) Pansuman yapmak için, tüm malzemeleri küçük bir tabakta karıştırın ve bir kenara koyun.

b) Orta boy bir karıştırma kabında zeytinyağı, sarımsak, şili biberi ve Comino tohumlarını birleştirin. Kabak ve kabak tahtalarını kabakların üzerini kaplayana kadar iyice karıştırın.

c) Izgarayı orta yüksekliğe kadar önceden ısıtın ve kabakları her iki tarafta yaklaşık 3 dakika veya tamamen kızarana kadar pişirin.

d) Kabakları ızgaradan çıkarın, bir tabağa koyun ve servis yapmadan önce sosu gezdirin.

49.   ızgara Çin lahanası

Toplam Hazırlama Süresi: 10 Dakika

Toplam Pişirme Süresi: 15 Dakika

Verim: 6

Bileşens

- 2 kafa Çin lahanası

- $\frac{1}{4}$ bardak Pirinç şarabı sirkesi

- 1 yemek kaşığı biber sosu

- Tuz ve biber

- $\frac{3}{4}$ su bardağı Bitkisel yağ

- 2 Taze Soğan; doğranmış

- 2 yemek kaşığı susam

Talimatlar

a) Bir tabakta sirke, biber sosu ve tuz ve karabiberi birleştirin.

b) Yağda karıştırın. Soğanları ve susam tohumlarını ekleyin ve iyice karıştırın.

c) Izgarayı önceden ısıtın ve Çin lahanası parçalarını gevrek ve yumuşayana kadar 2 ila 5 dakika yerleştirin.

50.   Lovage Broth ile Kömürde Kavrulmuş Havuç

Toplam Hazırlık Süresi:15 Dakika

Toplam Pişirme Süresi:15 Dakika

Verim: 6

İçindekiler

- 6 orta boy havuç, tercihen mor

Lovage suyu

- 2 litre Sebze Suyu

- 1 parça zerdeçal, deri ile dilimlenmiş

- 1 çay kaşığı karabiber

- 1 çay kaşığı kişniş tohumu

- 1 çay kaşığı Sichuan biberi

- 1 yemek kaşığı beyaz şarap sirkesi

- 1 tutam lavanta

- deniz tuzu gevreği

Hizmet etmek

- aşk

- maydanoz yaprakları

- su teresi

- soğuk pres kanola yağı

Talimatlar

a) Sebze Stoku, zerdeçal, karabiber, kişniş tohumu ve Sichuan biberini kaynatın. Lovaj ve sirkeyi karıştırın.

b) Birkaç kez karıştırın, ardından örtün ve 20 dakika bekletin. Süzün ve tuz ve karabiberle tatlandırın.

c) Izgarayı kömür veya kütüklerle yarıya kadar doldurun, böylece daha sonra dolaylı ısı kullanarak havuçları kızartabilirsiniz. Izgarayı yakın ve sıcak olduktan sonra, dış katmanın yanması için havuçları doğrudan kömürlerin üzerine koyun. Maşa kullanarak birçok kez çevirin.

d) Havuçları alın ve ızgaranın kömür içermeyen tarafına koyun. Kapağı kapatın ve dolaylı ısıda 30 dakika kızartın.

e) Havuçları 1 cm kalınlığında dilimler halinde kesin.

f) Havuç dilimlerini, otları ve su teresini kapladıktan sonra et suyu ve birkaç damla kokulu, soğuk preslenmiş kanola yağı ile bitirin.

51.   Izgara Kuşkonmaz

Toplam Hazırlama Süresi: 15 Dakika

Toplam Pişirme Süresi: 3 Dakika

Verim: 4

İçindekiler

- 1 demet kuşkonmaz

- 1/2 su bardağı balzamik sirke

- Tutam tuz

Talimatlar

a) Izgarayı gaz veya kömürle önceden ısıtın.

b) Sirkenin kuşkonmazın içine girmesi için 15-30 dakika bekleyin. Optimum lezzet için 1 saat marine edin.

c) Kuşkonmazı ızgaranın üst tel rafına yavaşça yerleştirin.

d) Çıtır çıtır ve güzelce kızarana kadar pişirin.

52.   Izgara Portobello mantarı

Toplam Hazırlama Süresi: 10 Dakika

Toplam Pişirme Süresi: 6 Dakika

Verim: 4 porsiyon

İçindekiler

- 4 adet Portobello mantarı

- 1/2 su bardağı kırmızı dolmalık biber, doğranmış

- 1 diş sarımsak, kıyılmış

- 4 yemek kaşığı zeytinyağı

- 1/4 çay kaşığı soğan tozu

- 1 çay kaşığı tuz

- 1/2 çay kaşığı öğütülmüş karabiber

Talimatlar

a) Dış ızgarayı orta ateşte önceden ısıtın ve ızgara ızgarasını hafifçe yağlayın.

b) Mantarları yıkayın ve saplarını çıkarın.

c) Kırmızı dolmalık biber, sarımsak, yağ, soğan tozu, tuz ve öğütülmüş karabiberi geniş bir karıştırma kabında birleştirin.

d) Karışımı mantarların üzerine sürün.

e) Dolaylı ısıda veya sıcak kömürlerin yanında 15 ila 20 dakika ızgara yapın.

53.   Izgara baharatlı cips

Toplam Hazırlama Süresi: 30 Dakika

Toplam Pişirme Süresi: 15 Dakika

Verim: 4 ila 6 porsiyon

Bileşen

- 1 pound Patates, dilimlenmiş ve yarı haşlanmış

- 3 yemek kaşığı Zeytinyağı

- 3 yemek kaşığı Bitkisel yağ

- 2 diş sarımsak, kıyılmış

- 1 tutam Cayenne

- Tuz ve biber

- $1\frac{1}{2}$ çay kaşığı pul biber

Talimatlar

a) Baharat karışımını birleştirin.

b) Haşlanmış patatesleri süzün ve hemen hazırlanan baharat karışımına atın.

c) Yavaşça karıştırın ve sıcak bir ızgaraya aktarın.

d) Cipsleri sıcak kömürlerin üzerinde ızgara yapın.

e) Patatesleri, pişirmeye devam ederken kalan baharat karışımıyla yağlayın.

54.   Fırında patates ızgara

Toplam Hazırlama Süresi: 15 dakika

Toplam Pişirme Süresi: 34 dakika

verim:2

İçindekiler

- 6 Fırında patates

- 1 Soğan; doğranmış

- 115 gram. Yeşil biber

- 115 gram. Siyah zeytinler; doğranmış

- 1/4 çay kaşığı Sarımsak tozu

- 1/2 çay kaşığı Limon biberi

- Aliminyum folyo

Talimatlar

a) Fırınlanmış patatesleri fırçalayın ve dilimleyin, ancak kabuğunu açık bırakın.

b) Malzemeleri folyo karelere eşit olarak dağıtın.

c) Folyoyu üst üste getirerek uçlarını kapatın.

d) Barbekü ızgarasında 45-55 dakika ızgara yapın.

55.   ızgara soğan

Toplam Hazırlama Süresi: 10 Dakika

Toplam Pişirme Süresi: 45 Dakika

VERİM: 2 su bardağı

İçindekiler

- 6 orta boy Soğan, soyulmuş

- 6 yemek kaşığı tereyağı veya sıvı yağ

- Tuz

- Taze çekilmiş karabiber

Talimatlar

a) Soğanların yarısını yağlanmış ızgara ızgarasının üzerine koyun.

b) Tereyağı ile noktalayın ve nemi korumak için gerektiği kadar tereyağı veya yağ serperek 45 dakika pişirin.

c) Tuz ve karabiber ile tatlandırın

d) Sıcak veya soğuk servis yapın.

56.   Badem soslu ızgara yeşil soğan

Toplam Hazırlık Süresi 15 dakika

Toplam Pişirme Süresi 35 dakika

Verim: 6 Porsiyon

İçindekiler

- 24 Taze Soğan; kök uçları kesilmiş

- 3 yemek kaşığı badem, kavrulmuş

- 2 Erik domates; kabaca doğranmış

- 2 diş sarımsak; ince Segmentli

- 1 yemek kaşığı İspanyol kırmızı biber

- 10 Yaprak nane

- 2 yemek kaşığı Taze maydanoz; doğranmış

- $\frac{1}{4}$ su bardağı sızma zeytinyağı

- 2 yemek kaşığı Sirke

Talimatlar

a) Izgarayı önceden ısıtın.

b) Yeşil soğanları ızgaranın daha soğuk tarafına koyun ve her iki tarafta 2 dakika veya koyu yeşil ve yumuşayana kadar pişirin.

c) Bir havanda badem, domates, sarımsak, kırmızı biber, nane ve maydanozu birleştirin.

d) İnce bir macun haline getirdikten sonra bir karıştırma kabına koyun. Sirke içinde çırpın.

e) Taze soğanları ızgaradan çıkarın ve tabağa atın.

f) Sıcak veya soğuk servis yapın.

57.   kavrulmuş lahana

Toplam Süre: 30 dk

Verim: yaklaşık 8-10

İçindekiler

- 500 gr lahana

- 4 küçük diş sarımsak

- $\frac{1}{2}$ su bardağı zeytinyağı

- deniz tuzu ve taze çekilmiş karabiber

Talimatlar

a) Fırını 120 santigrat dereceye (250 derece Fahrenhayt/Gaz 12) önceden ısıtın.

b) Bir fırın tepsisine lahana yaprakları ve sarımsak üzerine zeytinyağı gezdirin. Tuz ve karabiberle tatmak için baharatlayın.

c) 20 dakika ateşten uzakta ızgara yapın.

d) Kavrulmuş yaprakları çıkarın ve fazla yağı toplamak için pişirme parşömenini kullanarak soğuması için bir tel raf üzerine yerleştirin.

SALATALAR

58.   Roka ve ızgara sebze salatası

Toplam Hazırlama Süresi: 10 Dakika

Toplam Pişirme Süresi:20 Dakika

Verim: 8 Porsiyon

Bileşens

- $1\frac{1}{2}$ su bardağı Zeytinyağı

- $\frac{1}{4}$ bardak Limon suyu

- $\frac{1}{4}$ su bardağı balzamik sirke

- $\frac{1}{4}$ fincan Taze otlar

- 4 çizgi Tabasco sosu

- Tatmak için biber ve tuz

- 2 kırmızı dolmalık biber; yarıya bölünmüş

- 3 Erik domates; yarıya bölünmüş

- 2 orta boy kırmızı soğan

- 1 küçük patlıcan; bölümlere ayrılmış

- 10 Düğme mantar

- 10 küçük kırmızı patates; pişmiş

- $\frac{1}{3}$su bardağı zeytinyağı

- Tatmak için biber ve tuz

- 3 demet roka; yıkanmış ve kurutulmuş

- 1 pound Mozzarella; ince Segmentli

- 1 su bardağı Siyah zeytin; Çukurlu

Talimatlar

a) Bir tabakta zeytinyağı, limon suyu, sirke, otlar, Tabasco sosu, tuz ve karabiberi karıştırın. Kenara koyun.

b) Büyük bir karıştırma kabında biber, domates, soğan, patlıcan, mantar ve patatesleri birleştirin.

c) Zeytinyağı, tuz ve karabiberi sebzelerin tamamı kaplanana kadar karıştırın. Her iki tarafta 4 ila 6 dakika ızgara yapın.

d) Izgaradan çıkarın ve işlenecek kadar soğuyunca ısırık büyüklüğünde parçalar halinde doğrayın.

e) Büyük, sığ bir tabakta bir roka yatağı yapın.

f) Rokanın üzerine ızgara sebzeleri yerleştirin, ardından mozzarella ve zeytinleri ekleyin ve yandaki sos ile servis yapın.

59.   Avokado ve pirinç salatası

Toplam Hazırlama Süresi: 15 Dakika

Toplam Pişirme Süresi: 20 Dakika

Verim: 4 Porsiyon

İçindekiler

- 1 su bardağı Wehani pirinci

- 3 Olgun erik domates; tohumlanmış ve doğranmış

- $\frac{1}{4}$ su bardağı doğranmış kırmızı soğan

- 1 küçük Jalapeno biberi; tohumlanmış ve doğranmış

- $\frac{1}{4}$ fincan İnce doğranmış kişniş

- $\frac{1}{4}$ su bardağı sızma zeytinyağı

- 1 yemek kaşığı limon suyu

- $\frac{1}{8}$ çay kaşığı kereviz tohumu

- Tuz ve biber; tatmak

- 1 olgun avokado

- Karışık bebek yeşillikleri

Talimatlar

a) Wehani pirincini paket talimatlarına göre pişirin ve ardından bir fırın tepsisine yayın.

b) Büyük bir karıştırma kabında pirinç, domates, kırmızı soğan, jalapeno biberi ve kişnişi birleştirin. Tatmak için limon suyu, sızma zeytinyağı, kereviz tohumu, Tuz ve karabiber ekleyin

c) Servis yapmadan önce avokadoyu soyun ve dilimleyin. Segmentleri çeşitli bebek yeşilliklerinden oluşan bir yatağın üzerine yerleştirin.

d) Avokadoların üzerine Wehani pirinç salatasını yerleştirin.

e) Izgara sebzelerle süsleyin.

60.   Kahverengi pirinç ve ızgara sebze

Toplam Hazırlama Süresi: 15 dakika

Toplam Pişirme Süresi: 30 dakika

Verim: 6 Porsiyon

İçindekiler

- $1\frac{1}{2}$ su bardağı esmer pirinç

- 4 adet Kabak, boyuna ikiye bölünmüş

- 1 büyük kırmızı soğan, çapraz olarak 3 kalın parçaya bölün

- $\frac{1}{4}$ su bardağı Zeytinyağı

- ⅓ su bardağı zeytinyağı

- 5 yemek kaşığı soya sosu

- 3 yemek kaşığı Worcestershire sosu

- $1\frac{1}{2}$ su bardağı soğuk suya batırılmış mesquite talaşı

- 2 su bardağı taze mısır taneleri

- ⅔ fincan taze portakal suyu

- 1 yemek kaşığı taze limon suyu

- $\frac{1}{2}$ su bardağı doğranmış İtalyan maydanozu

Talimatlar

a) Pirinci kaynayan tuzlu su dolu büyük bir tencerede yaklaşık 30 dakika pişene kadar pişirin. İyice süzün.

b) Sığ bir tabakta yağ, soya sosu ve Worcestershire sosunu birleştirin; kabak ve soğan dilimlerini dökün. Bu süre boyunca bir kez sebzeleri marine etmek, döndürmek için 30 dakika bekleyin.

c) Izgarayı önceden ısıtın.

d) Mesquite cipslerini boşaltın ve beyazlaşana kadar kömürlerin üzerine dağıtın.

e) Cipsler tütmeye başlayınca soğanı ve kabakları ızgaraya yerleştirin.

f) Tuz ve karabiber serpin.

g) Bir veya iki kez çevirerek ve salamura ile fırçalayarak yumuşayana ve altın rengi alana kadar pişirin. Sebzeleri ızgaradan çıkarın.

h) Soğan dilimlerini dörde bölün ve kabakları 1 inçlik parçalar halinde kesin.

i) Soğuyan pirinç ve mısırı servis tabağında harmanlayın.

j) Portakal suyu, limon suyu, 1/3 su bardağı yağ, 3 çay kaşığı soya sosu ve 1 yemek kaşığı Worcestershire sosunu bir karıştırma kabında karıştırın. Salatanın üzerine dökün ve iyice karıştırın.

k) Maydanozu ekledikten sonra tuz ve karabiberle tatlandırın.

l) Salatayı ekstra sos ile servis edin.

61.   Kiraz domates ve ızgara soğan salatası

Toplam Hazırlama Süresi: 5 dakika

Toplam Pişirme Süresi: 5 dakika

Verim: 4 Porsiyon

İçindekiler

- 1 büyük soğan, ince dilimlenmiş
- 1 yemek kaşığı Bitkisel Yağ
- 1 pint Kırmızı Kiraz Domates saplı ve yarıya
- 1 pint Sarı Kiraz Domates
- 1 Diş Sarımsak, kıyılmış
- ⅓su bardağı Zeytinyağı
- ¼ su bardağı Şarap Sirkesi
- 1 yemek kaşığı Balzamik Sirke
- 2 yemek kaşığı İtalyan Maydanozu, Doğranmış
- Tuz
- öğütülmüş biber

Talimatlar

a) Büyük bir tavada, kahverengi soğanı bitkisel yağda ve çeri domates ve sos malzemeleriyle birleştirin.

b) Servis.

62.   Izgara yanında bahçe salatası

Toplam Hazırlama Süresi: 5 dakika+ Soğutma

Verim: 6 Porsiyon

İçindekiler

- 2 orta füme Domates, çekirdekleri çıkarılmış ve küp küp doğranmış
- 1 orta boy ızgara kabak, küp doğranmış
- 1 su bardağı dondurulmuş bütün çekirdek mısır, çözülmüş
- 1 küçük olgun avokado, soyulmuş, çekirdekleri çıkarılmış ve iri doğranmış
- ⅓üstleri ile ince Bölünmüş yeşil soğan
- ⅓fincan Pace Picante Sos
- 2 yemek kaşığı Bitkisel yağ
- 2 yemek kaşığı doğranmış taze kişniş veya maydanoz
- 1 yemek kaşığı limon veya limon suyu
- $\frac{3}{4}$ çay kaşığı Sarımsak tuzu
- $\frac{1}{4}$ çay kaşığı öğütülmüş kimyon

Talimatlar

a) Büyük bir karıştırma kabında füme domates, ızgara kabak, mısır, avokado ve yeşil soğanı birleştirin.

b) Kalan malzemeleri birleştirin ve iyice karıştırın.

c) Sebze karışımını üzerine dökün ve hafifçe birleştirin. Ara sıra hafifçe karıştırarak 3-4 saat soğutun.

d) Picante Sosunu hafifçe karıştırın ve soğutulmuş veya oda sıcaklığında servis yapın.

63. Izgara kuşkonmaz ve domates

Toplam Hazırlama Süresi: 5 dakika

Toplam Pişirme Süresi: 15 dakika

Verim: 1 porsiyon

İçindekiler

- 12 ons kuşkonmaz, kesilmiş

- 6 Olgun domates, yarıya

- 3 yemek kaşığı Zeytinyağı

- Tuz ve biber

- 1 diş sarımsak, kıyılmış

- 1 yemek kaşığı hardal

- 3 yemek kaşığı balzamik sirke

- ⅓su bardağı zeytinyağı

- Tuz ve biber

Talimatlar

a) Izgara tavasını orta-yüksek ısıya önceden ısıtın.

b) Kuşkonmaz, zeytinyağı, tuz ve karabiberi geniş bir karıştırma kabında birleştirin. Domatesleri kalan zeytinyağı ile tavada fırçalayın.

c) Kuşkonmaz ve domatesleri yumuşayıncaya kadar ama lapa gibi olmayacak şekilde ayrı ayrı kızartın.

d) Bir çırpma teli kullanarak sarımsak, hardal, balzamik sirke ve zeytinyağını bir tabakta birleştirin. Tatmak için tuz ve karabiber ile tatlandırın.

e) Üzerine çiseleyen sos ile ızgara sebzeleri servis edin.

64.   Izgara mısır salatası

Toplam Hazırlama Süresi: 10 Dakika

Toplam Pişirme Süresi: 10 Dakika

Verim: 4

İçindekiler

- 1 1/2 çay kaşığı. zeytin yağı

- 1/2 çay kaşığı. tuz

- 4 kulak mısır

- 1/4 çay kaşığı. biber

- 2 T. limon suyu

- 1/8 çay kaşığı. sarımsak tozu

- 1 1/2 çay kaşığı. zeytin yağı

- 1 su bardağı doğranmış domates

- 2 çay kaşığı. Şeker

- 1 su bardağı doğranmış salatalık, çekirdekleri çıkarılmış ve soyulmuş

Talimatlar

a) 1 1/2 çay kaşığı zeytinyağı ile mısır ezmesi

b) Mısırı ızgaraya koyun ve her beş dakikada bir çevirerek veya hafifçe kızarana kadar 20 dakika pişirin. soğumaya bırakın.

c) Orta boy bir tabakta limon suyu, zeytinyağı, şeker, tuz, karabiber ve sarımsak tozunu birleştirin.

d) Mısır, domates ve salatalığı atın. Karışım

SEITAN, TEMPEH VE TOFU

65.   Şeftali ile Seitan Broşetler

Toplam Hazırlama Süresi: 10 Dakika

Toplam Pişirme Süresi: 22 Dakika

4 porsiyon verim

İçindekiler

- 1/3 su bardağı balzamik sirke

- 2 yemek kaşığı kuru kırmızı şarap

- 2 yemek kaşığı açık kahverengi şeker

- 1/4 su bardağı doğranmış taze fesleğen

- 1/4 su bardağı doğranmış taze mercanköşk

- 2 yemek kaşığı kıyılmış sarımsak

- 2 yemek kaşığı zeytinyağı

- 1 pound seitan, 1 inçlik parçalar halinde kesilmiş

- 2 arpacık, boyuna ikiye bölünmüş ve beyazlatılmış

- Tuz ve taze çekilmiş karabiber

- 2 olgun şeftali, çekirdeksiz ve 1 inçlik parçalar halinde kesilmiş

Talimatlar

a) Küçük bir tencerede sirke, şarap ve şekeri kaynatın. Isıyı orta dereceye düşürün ve ara sıra karıştırarak, sıvı yarı yarıya azalana kadar, yaklaşık 15 dakika pişirin.

b) Fesleğen, mercanköşk, sarımsak ve zeytinyağını geniş bir karıştırma kabında birleştirin. Kaplamak için seitan, arpacık ve şeftali atın.

c) Tuz ve karabiberle tatmak için baharatlayın.

d) Seitan, arpacık soğanı ve şeftalileri şişlere geçirdikten sonra balzamik karışımla fırçalayın.

e) Broşeleri ızgaraya yerleştirin ve her iki tarafı 3 dakika veya seitan ve şeftaliler pişene kadar pişirin.

f) Kalan balzamik karışımla fırçaladıktan hemen sonra servis yapın.

66.   Izgara Seitan ve Sebzeli Kebap

Toplam Hazırlama Süresi 50 dakika
Toplam Pişirme Süresi 10 dakika
4 porsiyon verim

İçindekiler

- 1/3 su bardağı balzamik sirke

- 2 yemek kaşığı zeytinyağı

- 1 yemek kaşığı kıyılmış taze kekik

- 2 diş sarımsak, kıyılmış

- 1/2 çay kaşığı tuz

- 1/4 çay kaşığı taze çekilmiş karabiber

- 1 pound seitan, 1 inç küpler halinde kesilmiş

- 7 ons küçük beyaz mantar

- 1 inçlik parçalar halinde kesilmiş 2 küçük kabak

- 1 inç kareler halinde kesilmiş 1 orta boy sarı dolmalık biber

- olgun kiraz domates

Talimatlar

a) Orta boy bir karıştırma kabında sirke, yağ, kekik, kekik, sarımsak, tuz ve karabiberi birleştirin.

b) Seitan, mantar, kabak, dolmalık biber ve domatesleri kaplamak için çevirin. Ara sıra çevirerek oda sıcaklığında 30 dakika marine edin.

c) Izgarayı ısıtın.

d) Şişleri kullanarak seitan, mantar ve domatesleri geçirin.

e) Şişleri sıcak ızgaraya koyun ve yarı yolda bir kez çevirerek toplamda yaklaşık 10 dakika pişirin.

f) Üzerine az miktarda ayrılmış marine sosu gezdirerek hemen servis yapın.

67.   Küba Seitan Sandviç

Toplam Hazırlama Süresi: 15 dakika
Toplam Pişirme Süresi: 35 dakika
Verim: 4
İçindekiler
Mojo kavrulmuş seitan:

- 3/4 su bardağı taze portakal suyu

- 3 yemek kaşığı taze limon suyu

- 3 yemek kaşığı zeytinyağı

- 4 diş sarımsak, kıyılmış

- 1 çay kaşığı kuru kekik

- 1/2 çay kaşığı öğütülmüş kimyon

- 1/2 çay kaşığı tuz

- 1/2 pound seitan, 1/4 inç kalınlığında dilimler halinde dilimlenmiş

Montaj için:

- 4 adet vegan denizaltı sandviç rulosu, enine dilimlenmiş

- Oda sıcaklığında vegan tereyağı veya zeytinyağı

- Sarı hardal

- 1 su bardağı ekmek ve tereyağlı turşu dilimleri

- 8 dilim vegan jambon

- 8 dilim hafif tadı olan vegan peynir

Talimatlar

a) Fırını önceden 375 derece Fahrenheit'e ısıtın.

b) Seramik veya cam 7 x 11 inçlik bir fırın tepsisinde, seitan hariç tüm mojo malzemelerini birlikte çırpın. Seitan şeritlerini kaplamak için marine sosuna atın. 10 dakika kızartın, ardından kenarları hafifçe kızarmak için dilimleri bir kez çevirin.

c) Her rulo veya ekmek dilimini yatay olarak ikiye bölün ve her iki yarısına bolca tereyağı veya fırça zeytinyağı sürün. Her topuzun alt yarısına kalın bir hardal tabakası, birkaç dilim turşu, iki dilim jambon ve seitan dilimlerinin dörtte birini yayın, ardından iki dilim peynirle doldurun.

d) Rulonun diğer yarısını sandviçin alt yarısının üzerine yerleştirin ve kalan marine sosundan kesilen tarafa biraz sürün.

e) Orta ateşte bir dökme demir tavayı önceden ısıtın.

f) İki sandviçi yavaşça tavaya aktarın, ardından ağır ve ısıya dayanıklı bir şeyle örtün.

g) Sandviçi 3-4 dakika ızgara yapın.

h) 3 dakika daha veya peynir sıcak ve eriyene kadar, ağırlıkla tekrar bastırarak pişirin.

i) Ağırlığı kaldırın ve her sandviçi bir kesme tahtası üzerinde keskin bir bıçakla çapraz olarak kesin. Hemen servis yapın!

68.   Mangalda Tempe

Toplam Hazırlama Süresi: 10 Dakika

Toplam Pişirme Süresi: 10 Dakika

Verim: 4 porsiyon

İçindekiler

- 1 pound tempeh, 2 inçlik çubuklar halinde kesilmiş

- 2 yemek kaşığı zeytinyağı

- 1 orta boy soğan, kıyılmış

- 1 orta boy kırmızı dolmalık biber, kıyılmış

- 2 diş sarımsak, kıyılmış

- 14.5 ons domates olabilir

- 2 yemek kaşığı koyu pekmez

- 2 yemek kaşığı elma sirkesi

- 2 yemek kaşığı soya sosu

- 2 çay kaşığı baharatlı kahverengi hardal

- 1 yemek kaşığı şeker

- 1/2 çay kaşığı tuz

- 1/4 çay kaşığı öğütülmüş yenibahar

- 1/4 çay kaşığı öğütülmüş cayenne

Talimatlar

a) Orta boy bir tencerede kaynar suda tempeyi 30 dakika
    pişirin. Suyu boşaltın ve bir kenara koyun.

b) Orta ateşte büyük bir tencerede yağı ısıtın. Soğan, dolmalık
    biber ve sarımsağı 5 dakika veya yumuşayana kadar
    soteleyin. Domates, pekmez, sirke, soya sosu, hardal, şeker,
    tuz, yenibahar ve kırmızı biber ile kaynatın. Isıyı en aza
    indirin ve 20 dakika kapaksız pişirin.

c) Orta ateşte büyük bir tavada kalan 1 yemek kaşığı yağı ısıtın.

d) Tempeh ekleyin ve tempeh altın kahverengi olana kadar bir
    kez çevirerek 10 dakika pişirin. Tempeyi tamamen
    kaplayacak kadar sos ekleyin.

e) Lezzetleri karıştırmak için örtün ve 15 dakika pişirin. Hemen
    servis yapın.

     Demirhindi Sırlı Izgara Tofu

Toplam Hazırlama Süresi: 25 Dakika
Toplam Pişirme Süresi: 40 Dakika
4 porsiyon verim

İçindekiler

- 1 kiloluk ekstra sıkı tofu süzülmüş ve kuru

- Tuz ve taze çekilmiş karabiber

- 2 yemek kaşığı zeytinyağı

- 2 orta boy arpacık, kıyılmış

- 2 diş sarımsak, kıyılmış

- 2 olgun domates, iri doğranmış

- 2 yemek kaşığı ketçap

- 1/4 su bardağı su

- 2 yemek kaşığı Dijon hardalı

- 1 yemek kaşığı esmer şeker

- 2 yemek kaşığı agave nektarı

- 2 yemek kaşığı demirhindi konsantresi

- 1 yemek kaşığı koyu pekmez

- 1/2 çay kaşığı öğütülmüş cayenne

- 1 yemek kaşığı füme kırmızı biber

- 1 yemek kaşığı soya sosu

Talimatlar

a) Tofuyu 1 inçlik dilimler halinde dilimleyin, tuz ve karabiberle tatlandırın ve sığ bir fırın tepsisine yerleştirin.

b) Yağı büyük bir tencerede orta ateşte ısıtın. Arpacık ve sarımsak ile 2 dakika soteleyin. Tofu hariç kalan malzemeleri birleştirin.

c) Düşük ısıya düşürün ve 15 dakika pişirin. İçeriği tamamen pürüzsüz olana kadar bir karıştırıcıda karıştırın.

d) Tencereye dönün ve 15 dakika daha pişirin.

e) Izgarayı veya fırın ızgarasını önceden ısıtın.

f) Marine edilmiş tofuyu bir kez çevirerek ızgara yapın.

g) Tofuyu ızgaradan çıkarın ve servis yapmadan önce her iki tarafını demirhindi sosuyla kaplayın.

70.   Marine edilmiş saptırılmış tofu

Toplam Hazırlama Süresi: 10 dakika

Toplam Pişirme Süresi: 10 dakika

Verim: 4 Porsiyon

Bileşen

- 1 pound sert tofu, süzülmüş

- 16 ılımlı Shiitake mantarı

- 1 büyük Daikon turp

- 1 adet Baş Çin lahanası

- $\frac{1}{2}$ su bardağı soya sosu

- $\frac{1}{2}$ su bardağı Portakal suyu

- 2 yemek kaşığı Pirinç sirkesi

- 2 yemek kaşığı fıstık yağı

- 1 yemek kaşığı koyu susam yağı

- 2 yemek kaşığı taze zencefil, kıyılmış

- $\frac{1}{4}$ çay kaşığı acı biber, kıyılmış

Talimatlar

a) Tüm malzemeleri karıştırarak salamurayı emülsiyon haline getirin.

b) Tofu kekini ortadan ikiye kesin ve 1 saat oda sıcaklığında veya gece boyunca buzdolabında marine edin. Sık sık çevirin.

c) Mantarları, daikon'u ve Çin lahanası saplarını marine edin.

d) Turşuyu Çin lahanası yapraklarına karıştırın.

e) Her yaprağın kenarlarını ortaya doğru katlayın ve yukarıdan
    yukarı doğru yuvarlayın.

f) Alternatif olarak yaprak paketini, mantarları, soya peyniri,
    daikon ve Çin lahanası sapını tahta şişlere geçirin.

g) Şişleri kapalı bir ızgarada 12 ila 15 dakika boyunca ızgara
    yapın, eşit pişmelerini sağlamak için yarıya kadar döndürün.

71.   Kafe ızgara tofu

Toplam Hazırlama Süresi: 20 dakika

Toplam Pişirme Süresi: 5 dakika

Verim: 4 Porsiyon

Bileşen

- 1 pound tofu

- $\frac{1}{4}$ fincan Mirin

- $\frac{1}{4}$ fincan Tamari

- 1 çay kaşığı Zencefil, taze; kıyılmış

- çizgi Biber, arnavut biberi

Talimatlar

a) Mirin, tamari, zencefil ve acı biberi birleştirin.

b) Tofuyu karışımda en az bir saat veya gece boyunca marine edin.

c) Tofu hafifçe kızarana kadar sıcak kömürlerin üzerinde ızgara yapın.

72.   Izgara soya tofu

Toplam Hazırlama Süresi: 20 dakika+soğutma

Toplam Pişirme Süresi: 5 dakika

Verim: 4 Porsiyon

Bileşen

- 1 pound sert tofu

- 2 yemek kaşığı soya sosu

- 1 yemek kaşığı Paketlenmiş esmer şeker

- 1 yemek kaşığı Ketçap

- 1 yemek kaşığı yaban turpu

- 1 yemek kaşığı elma sirkesi

- 1 diş sarımsak, kıyılmış

Talimatlar

a) Tofu 1/2 inç kalınlığında dilimler halinde dilimleyin ve bir cam fırın tepsisine yerleştirin.

b) Soya sosu, esmer şeker, ketçap, yaban turpu, sirke ve sarımsağı bir karıştırma kabında birleştirin; tofu üzerine dökün ve eşit şekilde kaplamak için çevirin.

c) Bir veya iki kez çevirerek en az 1 saat veya 24 saate kadar soğutun.

d) Yeniden Servisler marine edip tofuyu yağlanmış ızgaraya yerleştirin.

e) Her tarafta 3 dakika veya orta derecede yüksek ısıda
    kızarana kadar, marine sosuyla kızartın.

73.   Nerimso ile ızgara tofu

Verim: 12 Porsiyon

Bileşen

- 3 yemek kaşığı Dashi

- $\frac{1}{2}$ fincan Beyaz miso

- 1 yemek kaşığı Şeker

- 1 yemek kaşığı Mirin

- 3 yemek kaşığı susam, kavrulmuş

- 1 yumurta sarısı

- 3 kek tofu

- 12 dal kinom

Talimatlar

a) Dashi, miso, şeker ve mirin'i kaynatın. Isıyı en aza indirin ve 20 dakika daha tahta bir kaşıkla düzenli olarak karıştırmaya devam edin.

b) Yumurta sarısını eklemeden önce biraz soğumaya bırakın. Pürüzsüz macun oluşana kadar kuvvetlice karıştırın.

c) Susam tohumlarını öğütün ve diğer sosu sade bırakarak nerimiso'nun yarısı ile karıştırın.

d) Her tofu kekini dört dikdörtgene kesin. Tofu parçalarının bir tarafına nerimisoyu sürün, yarısında sade sos ve diğer yarısında susam aromalı sosu kullanın.

e) Kömürün üzerinde her iki tarafı kızarana ve gevrekleşene
    kadar ızgara yapın.

74.   Saptırılmış tofu ve sebzeler

Toplam Hazırlama Süresi: 10 Dakika

Toplam Pişirme Süresi: 6 Dakika

Verim: 1 porsiyon

Bileşen

- 4 yeşil soğan

- 1 Blok Firma Tofu, 3/4" şeklinde kesilmiş

Tuzlu su karışımı

- 2 çay kaşığı Sarımsak

- 2 Yemek Kaşığı Taze Zencefil

- 3 yemek kaşığı Zeytin veya Kanola Yağı

- ½ su bardağı Soya Sosu

- 2 yemek kaşığı esmer şeker

- 2 çay kaşığı Kızarmış Susam Yağı

- ¼ çay kaşığı Kırmızı Şili Gevreği

- ⅓lb. Cremini veya Shiitake Mantarları

- 1 Kırmızı Dolmalık Biber

- 1 Kırmızı veya Sarı Soğan

Talimatlar

a) Salamura yapmak için yeşil soğan, sarımsak ve zencefili bir mutfak robotunda veya mikserde ince doğranana kadar nabız atın.

b) Zeytinyağını küçük bir tavada ısıtın ve yeşil soğan karışımını bir iki dakika karıştırarak kızartın. Soya sosu ve şekeri karıştırarak kaynatın.

c) Ateşten alın ve susam yağı ve kırmızı şili pullarını eklemeden önce biraz soğumasını bekleyin.

d) Isıyı azaltın ve tofu küplerinin üzerine dökün, en az 1 saat ve 4 saate kadar marine edin.

e) Şişte marine edilmiş tofu, mantar, biber ve soğan.

f) Sebzeleri kalan tuzlu suyla fırçalayın ve gevrek ve yumuşayana kadar ızgara yapın.

75.   Hint baharatlı tofu şişleri

Toplam Hazırlama Süresi: 30 Dakika

Toplam Pişirme Süresi: 30 Dakika

Verim: 1 porsiyon

Bileşen

- 3 paket Tofu, kareler halinde doğranmış

- 2 limonun suyunu sıkın

- Tuz ve biber

- 1 kırmızı soğan

- 2 yemek kaşığı doğranmış kişniş

- 1 küçük salatalık; soyulmuş

- 4 Pide ekmeği

- 1 Küvet doğal yoğurt

- Kızartmak için yerfıstığı yağı

- 1 yemek kaşığı kişniş tohumu

- 1 yemek kaşığı kimyon tohumu

- 1 yemek kaşığı kırmızı biber

- 2 kırmızı biber

- 1 küçük parça zencefil

- 3 yemek kaşığı yoğurt

- 2 yemek kaşığı Zerdeçal

- 1 yemek kaşığı Garam masala

Talimatlar

a) Bir kahve değirmeni içinde, tüm baharatları ince bir şekilde öğütünceye kadar karıştırın. Yoğurtta karıştırın.

b) Tofuyu tuz ve limon suyuyla tatlandırın. Baharat karışımında en az bir saat marine edin. Onları bambu şişlerin üzerine şişirin.

c) Kırmızı soğanı ve salatalığı ince ince doğrayın ve kişniş ile birleştirin. Tuz ve karabiber ile tatlandırın

d) Pideleri ızgara tavasında her iki tarafını da kızartın.

e) Az miktarda yerfıstığı yağında tofu şişlerinin her tarafını kızartın.

f) Doğal yoğurt ve dilimlenmiş pide ile servis yapın. Kırmızı soğan karışımının bir kısmını doldurun, üstüne bir tofu şiş koyun ve servis yapın.

76. Izgarada tofu dolması biber

Toplam Hazırlama Süresi: 10 Dakika

Toplam Pişirme Süresi: 35 Dakika

Verim: 4 Porsiyon

Bileşen

- 4 büyük yeşil dolmalık biber

- 1 büyük soğan; doğranmış

- 3 diş sarımsak; kıyılmış

- 12 ons Tofu; ufalanmış

- 2 çay kaşığı Zeytinyağı; belki üç katına

- 8 ons Parçalı mantar

- 4 Roma domatesi

- 1 çay kaşığı kıyılmış taze mercanköşk

- $\frac{1}{2}$ çay kaşığı Tuz; veya daha fazla tatmak

- 1 çay kaşığı taze kekik

- 1 yemek kaşığı Soya sosu

- 14 ons Haşlanmış domates

- 1 su bardağı pişmiş kahverengi pirinç

- $\frac{1}{2}$ su bardağı Su

- Taze çekilmiş karabiber

- Süslemek için parmesan peyniri veya ekşi krema

Talimatlar

a) Izgarayı orta-yüksek derecede ısıtın.

b) Biberleri 5 dakika ızgara yapın, her 2 dakikada bir çevirerek hafifçe kömürleşene kadar çok yumuşatmayın.

c) Soğanı, sarımsağı ve tofuyu büyük bir ızgarada zeytinyağında 4-5 dakika ızgarada kavurun. Tavaya mantarları, 3 adet doğranmış Roma domatesini, mercanköşkünü, tuzu ve kekik ekleyin.

d) Soya sosu, domates ve pirinci atın. Ateşten alın ve birleştirmek için karıştırın. Bu karışımı her bir biberin içine dökün, doldurma için ek yer açmak için bir kaşıkla hafifçe bastırın.

e) Her bir biberin üstüne kalan Roma domatesinin dörtte birini doldurun. Biberleri 2 litrelik bir fırın tepsisine koyun ve kalan domates karışımıyla kaplayın.

f) Alüminyum folyo ile kaplayın ve suyu ve karabiberi ekleyin.

g) Izgarada ilerleyin ve dolaylı ısıda 20 ila 25 dakika ya da biberler çatalla yumuşayana kadar lapa lapa olmayana kadar pişirin.

h) Kalan sosu biberlerin üzerine gezdirip servis yapın.

SANDVİÇ VE BURGER

77.   mercimekli pilav burger

Toplam Süre: 40 dakika

Verim: 8 porsiyon

İçindekiler

- $\frac{3}{4}$ su bardağı Mercimek
- 1 tatlı patates
- 10 Taze ıspanak yaprağı; 15'e kadar
- 1 su bardağı taze mantar
- $\frac{3}{4}$ su bardağı ekmek kırıntısı
- 1 çay kaşığı Tarhun
- 1 çay kaşığı Sarımsak tozu
- 1 çay kaşığı Maydanoz gevreği
- $\frac{3}{4}$ su bardağı Uzun taneli pirinç

Talimatlar

a) Pirinci yumuşak ve hafif yapışkan olana kadar pişirin, ardından mercimekleri ekleyin. Soğutmaya izin verin.

b) Pişmiş, soyulmuş bir tatlı patatesi rendeleyin.

c) Mantarları ince ince kesin. Ispanak yapraklarını yıkayıp irice doğrayın. Tüm malzemeleri ve baharatları bir karıştırma kabında birleştirin, tadı tuz ve karabiberle tatlandırın.

d) 15 ila 30 dakika soğutun. Köfte haline getirin ve sebze ızgarası ile açık hava barbeküsünde pişirin.

e) Burgerlerin yapışmasını önlemek için tavayı yağladığınızdan veya Pam ile püskürttüğünüzden emin olun.

78.   Zeytin ve Maş Fasulyesi Burger

Toplam Süre: 45 dakika

Verim: 4 porsiyon

İçindekiler

- 1/2 su bardağı yeşil maş fasulyesi, ıslatılmış ve pişmiş
- 1 yemek kaşığı altın keten tohumu, öğütülmüş
- $\frac{1}{2}$ su bardağı Kalamata zeytini, ince doğranmış
- $\frac{1}{2}$ su bardağı soğan, ince doğranmış
- $\frac{1}{2}$ çay kaşığı kuru kekik
- $\frac{1}{4}$ çay kaşığı taze çekilmiş karabiber
- $\frac{1}{4}$–$\frac{1}{2}$ çay kaşığı Kelt deniz tuzu
- 1 yemek kaşığı organik domates salçası
- 2 diş sarımsak, kıyılmış
- 1 yemek kaşığı yağda organik güneşte kurutulmuş domates, doğranmış
- $\frac{1}{4}$ fincan taze maydanoz, doğranmış

Talimatlar

a) Fırını önceden 375 derece Fahrenheit'e ısıtın.

b) Küçük bir kapta keten tohumu ve 3 yemek kaşığı suyu birleştirin.

c) Bir mutfak robotunda fasulyeleri pürüzsüz bir doku elde edene kadar püre haline getirin.

d) Orta boy bir karıştırma kabına koyun. Zeytin, soğan, sarımsak, kuru domates, maydanoz, baharat ve salça eklenmelidir. Her şeyi iyice birleştirin. Tuzu tadına göre ayarlayın.

e) Keten karışımına atın. Her şeyi karıştırın.

f) 4-6 hamburger şekli verin ve ızgarada eşit olarak dağıtın.

g) 20 dakika pişirin, ardından ızgaradan çıkarın, çevirin ve 5-10 dakika daha pişirin. Burgerler bittiğinde hafifçe kızarmaları gerekir.

 Cheddar ve Soğanlı Siyah Fasulye Burger

Toplam Hazırlama Süresi: 5 dakika

Toplam Süre: 10 dakika

Verim: 6

İçindekiler

- 400 gr pişmiş siyah fasulye

- kızartma için fıstık yağı

- 65 gr ince doğranmış soğan

- 1 çay kaşığı hafif biber tozu

- 1 çay kaşığı füme kırmızı biber

- 3 yemek kaşığı barbekü sosu

- 50 gr Kuru Kavrulmuş Ceviz

- 2 yemek kaşığı ince doğranmış kişniş

- 100 gr haşlanmış siyah pirinç

- 25 gr panko galeta unu

- Deniz tuzu

- Karamelize edilmiş soğanlar

- 2 soğan

- 2 yemek kaşığı tereyağı

- 1 yemek kaşığı kırmızı şarap sirkesi

Hizmet etmek

- 120 gr Kaşar

- 6 hamburger ekmeği, ikiye bölünmüş

- çörekler için tereyağı

- marul yaprakları

Talimatlar

a) Bir tavada az miktarda yağı ısıtın ve soğanları altın kahverengi olana kadar pişirin.

b) Isıyı düşük seviyeye düşürün ve biber ve kırmızı biber tozlarını atın.

c) Kızartma tavasını ocaktan alın ve barbekü sosunu karıştırın.

d) Cevizleri doğrayın ve bir karıştırma kabında fasulye, kişniş, pirinç, panko galeta unu ve bir tutam tuzla karıştırın.

e) Soğan karışımını iyice karışana kadar karıştırın.

f) Karışımdan bir seferde 6 adet yuvarlak köfte yapın ve ardından streç film ile sarın.

g) En az bir saat soğutun.

h) Soğanları soyup doğradıktan sonra soğuk bir tencereye alın. Tereyağını tencereye alıp orta ateşe oturtup altını kapatın.

i) Kapağı çıkarın, sirkeyi dökün, ısıyı artırın ve ara sıra karıştırarak yaklaşık 15 dakika veya sıvı önemli ölçüde azalana kadar pişirin. Kenara koyun.

j) Izgarayı 350 derece Fahrenheit'e ısıtın.

k) Köftelerin her iki tarafı güzel bir renk alana kadar birkaç dakika kızartın.

l) Her burgerin üzerine birkaç dilim peynir koyun ve peynir eriyene kadar ızgara yapın.

m) Çöreklerin kesilmiş yüzeylerini yağlayın ve ızgarada hızlıca kızartın.

n) Her ekmeğin altına bir köfte yerleştirin. Bir marul yaprağı ve büyük bir karamelize soğan parçasıyla doldurun.

80.   Marine Fasulyeli Izgara Avokado Burger

Toplam Süre: 10 dk

Verim: 6

İçindekiler

- 3-4 orta boy avokado

- 1 misket limonunun suyu

- zeytin yağı

Marine edilmiş fasulye

- 200 gr pişmiş siyah fasulye

- 2-3 Füme Domates

- 1 taze soğan, ince doğranmış

- 1 çay kaşığı ince doğranmış serrano biber

- 1 yemek kaşığı ince doğranmış kişniş

- 1 çay kaşığı ince doğranmış sarımsak

- 1 yemek kaşığı beyaz şarap sirkesi

- 2 yemek kaşığı zeytinyağı

- 1 limon kabuğu rendesi

Hizmet etmek

- 6 hamburger ekmeği, ikiye bölünmüş

- çörekler için tereyağı

- 6 yemek kaşığı krem şanti

- maydanoz ve kişniş

- kırmızı biber

Talimatlar

a) Füme Domatesleri ızgarada hazırlayın.

b) Füme doğranmış domatesleri diğer malzemeler ve marine edilmiş fasulye ile karıştırın.

c) Avokado dilimlerini bir tabağa koyun ve üzerine limon suyu ve yağ gezdirin.

d) Avokado dilimlerini çok yüksek ısıda ızgarada hızla ızgara yapın veya bir kaynak makinesi kullanarak yüzeyini kavurun.

e) Çörekleri kesilen yüzeyde tereyağ ile mangalda hızlıca kızartın.

f) Her topuzun üzerine büyük bir kaşık dolusu marine edilmiş fasulye koyun. Ardından 2 avokado dilimi, bir tutam krema Fraiche ve bir tutam maydanoz ve kişniş ekleyin.

g) Bitirmek için bir tutam acı biber serpin.

81. Quinoa ve Tatlı Patates Burger

Toplam Hazırlama Süresi: 15 Dakika

Toplam Pişirme Süresi: 1 HR 10 Dakika

Verim: 6

İçindekiler

- 3 orta boy tatlı patates, pişmiş

- 2 yumurta

- 1 su bardağı nohut unu

- 1 çay kaşığı pul biber

- 1 yemek kaşığı tam tahıllı Dijon hardalı

- 1 yemek kaşığı Ceviz Yağı veya diğer Fındık Yağı

- $\frac{1}{2}$ limon suyu

- 1 tutam deniz tuzu

- 200 gr kinoa

- fıstık yağı, kızartmak için

- Yaban turpu ekşi krema

- 3 yemek kaşığı ince rendelenmiş yaban turpu

- $1\frac{1}{4}$ bardak ekşi krema

- Deniz tuzu

Hizmet etmek

- 6 hamburger ekmeği, ikiye bölünmüş

- çörekler için tereyağı

- ince dilimlenmiş kırmızı Asya arpacık

- ince doğranmış frenk soğanı

Talimatlar

a) Patatesleri uzunlamasına ikiye bölün ve bir kaşık yardımıyla içini kazıyın.

b) Bir bıçak kullanarak, bir mutfak robotunda yumurtaları hafifçe çırpın. Tatlı patates, nohut unu, biber tozu, hardal, Fındık Yağı, limon suyu ve tuzu her şey tamamen karışana kadar karıştırın. Kinoayı ekleyin ve bir kaseye aktarın.

c) Karışımdan bir seferde, elinizle veya yemek halkasıyla 6 yuvarlak köfte yapın. Köftelerin üzerini streç film ile kapatıp kenara alın.

d) Bir karıştırma kabında yaban turpu ve ekşi kremayı birleştirin. Tat vermek için tuzla tatlandırın ve bir kenara koyun.

e) Köfteleri orta ateşte rengi dönene kadar her iki tarafını da birkaç dakika kızartın.

f) Çöreklerin kesilmiş yüzeylerini yağlayın ve hızlıca kızartın.

g) Her topuzun altına bir burger koyun ve yaban turpu ekşi krema, arpacık soğanı ve frenk soğanı ile kaplayın.

82.   Şili Relleno ızgara sandviçler

Toplam Süre: 30 dakika

Verim: 4 Porsiyon

Bileşen

- 4 ons bütün yeşil biber konservesi; boşaltılmış
- 8 dilim Beyaz ekmek
- 4 segment Monterey Jack; her biri 1 ons
- 4 dilim Çedar peyniri; her biri 1 ons
- 3 yemek kaşığı Margarin veya tereyağı; yumuşatılmış

Talimatlar

a) 1 dilim Monterey Jack peyniri, dilim chiles ve Cheddar peyniri ile en iyi 4 dilim ekmek; kalan ekmek dilimleri ile doldurun.

b) Her sandviçin dışına margarin sürün.

c) Kalburu orta-yüksek ısıya veya 375 derece Fahrenheit'e önceden ısıtın.

d) Her iki yüzünü de 2-4 dakika ya da ekmek altın rengi olana ve peynir eriyene kadar pişirin.

83.   Fıstıklı meyve ızgarası Sandviç

Toplam Pişirme Süresi: 3 Dakika

Toplam Hazırlama Süresi: 1 dk

Verim: 1 porsiyon

İçindekiler

- 12 dilim Beyaz ekmek

- Tereyağı; yumuşatılmış

- $\frac{1}{2}$ fincan Pürüzsüz fıstık ezmesi

- $\frac{1}{2}$ su bardağı Ezilmiş ananas; iyi drene edilmiş

- 1 su bardağı kızılcık portakal rendesi

Talimatlar

a) Ekmeğin her iki tarafını da yağlayın.

b) Fıstık ezmesini ve ezilmiş ananası 6 ekmek dilimine eşit şekilde yayın.

c) Fıstık ezmesi karışımına kızılcık-portakal aroması ekleyin.

d) Diğer ekmek dilimlerini de üstüne koyun ve her iki tarafı da altın rengi olana kadar ızgara yapın.

e) Parçalara ayırın ve hemen servis yapın.

f) Garnitür olarak kereviz çubukları ve havuç bukleleri ile servis yapın.

84. Sağlıklı Vegan Izgara Peynirli Sandviç

Toplam Hazırlama Süresi: 5 dakika

Toplam Pişirme Süresi: 10 dakika

Verim: 3 Sandviç

İçindekiler

- 6 dilim ekmek

- 1 avokado, soyulmuş, dilimler halinde kesilmiş

- 1 kabak, $\frac{1}{2}$ inç kalınlığında uzunlamasına dilimler halinde kesilmiş

- $\frac{1}{2}$ su bardağı taze ıspanak

- 115 gram. füme tofu, dilimlenmiş

- 1 yeşil soğan, doğranmış

- 3 yemek kaşığı kaju mayonez

- 4-5 yemek kaşığı vegan peynir sosu

- Mikro yeşillikler veya filizler

Talimatlar

a) Sıcak bir ızgara tavada, kabak ve tofu dilimlerini 3 dakika kızartın, ardından çevirin ve 3 dakika daha pişirin. Soğuması için bir tabağa koyun.

b) Ekmek parçalarınızı yan yana koyun ve alttaki üç dilimin her birine birer kaşık kaju mayonezi sürün.

c) Katlanmış ızgara kabak ve tofu dilimlerini bir kez daha katlayın, ardından kabaca 2 çay kaşığı eritilmiş peynir sosuyla gezdirin.

d) En üste taze ıspanak, yeşil soğan ve filizi ekleyin, ardından başka bir çorba kaşığı peynir sosu ve dilimlenmiş avokado ekleyin.

e) Bir dilim ekmekle örtün.

f) Sandviçleri eklemeden önce bir dökme demir tavayı orta ateşte ısıtın.

g) Vegan peynirli sandviçlerinizi bir spatula ile birkaç saniye bastırın, ardından bir kapakla kapatın ve 3-4 dakika veya altın bir kabuk oluşana kadar pişirin.

85.   Izgara cevizli mavi peynirli sandviçler

Toplam Hazırlama Süresi: 5 dakika

Toplam Pişirme Süresi: 10 dakika

Verim: 1 porsiyon

Bileşen
- 1 su bardağı ufalanmış mavi peynir;
- ½ su bardağı ince kıyılmış kavrulmuş ceviz
- 16 dilim kepekli ekmek
- 16 küçük su teresi dal
- 6 yemek kaşığı Tereyağı

Talimatlar

a) Peyniri ve cevizleri eşit olarak 8 kare ekmek arasında bölün.

b) Her biri 2 dal su teresi ile süsleyin.

c) Biberle tatlandırın ve kalan ekmek parçalarını serpin, toplam 8 sandviç yapın.

d) Büyük bir yapışmaz tavada 3 yemek kaşığı tereyağını eritin.

e) Sandviçleri her bir tarafta 3 dakika veya altın rengi kahverengi ve peynir eriyene kadar ızgara yapın. Kesme tahtasına aktarın.

f) Sandviçleri çapraz olarak kesin. Servis tabaklarına aktarın.

86.   Izgara elma ve peynir

Toplam Hazırlama Süresi: 10 Dakika

Toplam Pişirme Süresi: 5 Dakika

Verim: 2 Porsiyon

Bileşen

- 1 küçük Kırmızı Lezzetli elma

- $\frac{1}{2}$ su bardağı %1 az yağlı süzme peynir

- 3 yemek kaşığı İnce doğranmış mor soğan

- 2 Ekşi mayalı İngiliz çöreği, bölünmüş ve kızarmış

- $\frac{1}{4}$ fincan ufalanmış mavi peynir

Talimatlar

a) Küçük bir kapta süzme peynir ve soğanı birleştirin ve iyice karıştırın.

b) Her yarım çörek üzerine, yaklaşık 2 çay kaşığı süzme peynir karışımı sürün.

c) Her bir muffin kabının üzerine 1 elma halkası koyun; eşit olarak, elma halkalarının üzerine ufalanmış mavi peynir serpin.

d) Bir fırın tepsisine yerleştirin ve 1-12 dakika veya mavi peynir eriyene kadar alevden 3 inç uzakta ızgara yapın.

87.   ızgara peynirli lokum

Toplam Hazırlama Süresi: 5 Dakika

Toplam Pişirme Süresi: 5 Dakika

Verim: 1 porsiyon

Bileşen

- 6 dilim Ekmek

- 3 kalın dilim peynir

- $\frac{1}{2}$ çay kaşığı Ezilmiş kırmızı biber

- tatmak için tuz

- tereyağı damlası

Talimatlar

a) Peyniri üç ekmek parçasına yerleştirin.
b) Biberleri üstüne yayın ve ikinci ekmek parçasıyla örtün.
c) Sıcak kömürlerin üzerinde ızgara yapın

TATLILAR

88.	Izgara patates kekleri

Toplam Pişirme Süresi: 10 Dakika

Toplam Süre: 20 Dakika

Verim: 100 Porsiyon

Bileşen

- 2 galon su; kaynamak

- $1\frac{1}{2}$ fincan tereyağı

- 12 yumurta

- $2\frac{1}{2}$ su bardağı süt

- $3\frac{1}{4}$ çeyrek patates

- 1 kilo un

- 2 yemek kaşığı tuz

Talimatlar

a) Patatesleri ve sütü birleştirin. Kenara koyun

b) Bir karıştırma kabında su, tereyağı veya margarin, tuz ve karabiberi birleştirin.

c) Bir çırpma teli kullanarak patates ve süt karışımını hemen düşük hızda sıvıya ekleyin; 12 dakika karıştırın.

d) Yumurtaları orta hızda çırparak karıştırın

e) Kekleri elenmiş çok amaçlı un içinde tarayın.

f) İyi yağlanmış 375 °F ızgarada veya altın rengi kahverengi olana kadar her iki tarafta 3 ila 4 dakika ızgara yapın.

89.   ızgara pirinç kekleri

Toplam Pişirme Süresi: 12 dakika

Verim: 4 Porsiyon

Bileşen

- $2\frac{1}{2}$ su bardağı Su
- Tuz
- $1\frac{1}{2}$ fincan Kısa taneli pirinç
- 1 yemek kaşığı Baharatlı pirinç sirkesi veya şeri sirkesi

Talimatlar

a) Pirinci 18 dakika boyunca veya pirinç tüm sıvıyı emene kadar pişirin.

b) Pirinç pişince ocaktan alın ve pirinç sirkesinde çırpın. Soğutmaya izin verin.

c) Hafifçe yağlanmış 9 inçlik kare veya yuvarlak kek kalıbını pirinç karışımıyla yarıya kadar doldurun. Nemli veya hafif yağlanmış avuç içi ile pirinci tavaya eşit şekilde bastırın. Sertleşene kadar soğutun.

d) Izgarayı hazırlayın.

e) Bir kesme tahtası kullanarak ayarlanmış pirinci 12 eşit şekle kesin.

f) Pirinç keklerini eklemeden önce ızgarayı hafifçe yağlayın.

g) İyice renk alana kadar 1 ila 2 dakika pişirin, ardından çevirin ve 1 ila 2 dakika daha ızgara yapın. Hemen servis yapın.

90. şeftalili kek

Toplam Hazırlama Süresi: 10 Dakika

Toplam Pişirme Süresi: 15 Dakika

Verim: 9 porsiyon

İçindekiler

- 2 yemek kaşığı bal
- 1 yemek kaşığı tereyağı, eritilmiş
- 1/4 çay kaşığı tarçın
- 2 orta boy olgun muz
- 2 med olgun şeftali
- 1/2 of 11 ons pound kek, 3/4 inçlik dilimler halinde kesilmiş
- 1/2 / 8 ons Soğuk kırbaç, çözülmüş
- 1/4 çay kaşığı tarçın
- Hindistan cevizi tire

Talimatlar

a) Küçük bir kapta bal, eritilmiş tereyağı ve 1/4 çay kaşığı tarçını birleştirin.

b) Orta ateşte sık sık karıştırarak ızgarada 8-10 dakika pişirin.

c) Kekin üzerine ılık meyve dökün.

d) Kalan üç malzemeyi karıştırın ve üzerine kaşıkla dökün.

91.   Hayes sokak ızgara kayısı gevrek

Toplam Hazırlama Süresi: 20 Dakika

Toplam Pişirme Süresi: 40 Dakika

Verim: 4 Porsiyon

Bileşen

- 8 yemek kaşığı tuzsuz tereyağı, küçük parçalar halinde kesilmiş

- 4 su bardağı çekirdeksiz kayısı yarısı

- 1 limonun suyu

- 2 ila 8 yemek kaşığı toz şeker, tadı

- 1 fincan çok amaçlı un

- 1 su bardağı açık kahverengi şeker, paketlenmiş

- tutam tuz

- 1 çay kaşığı öğütülmüş tarçın

- Yumuşak çırpılmış krema, krema Fraiche veya vanilyalı dondurma

Talimatlar

a) Izgarayı 375 derece Fahrenheit'e ısıtın.

b) 9 inçlik bir turta tepsisini veya sığ, yuvarlak bir pişirme kabını hafifçe yağlayın.

c) Meyveleri limon suyu ve toz şekerle karıştırın. Bir pişirme kabını karışımla doldurun.

d) Bir karıştırma kabında un, kalan tereyağı, esmer şeker, tuz ve tarçını birleştirin. Karışımı ufalanana kadar parmak uçlarınızla ovalayın. meyvenin üzerine sıçramak

e) Meyveler kenarlardan köpürene ve üstleri kızarana kadar 35 ila 45 dakika ızgara yapın.

f) Çırpılmış krema, krema Fraiche veya dondurma ile servis yapmadan önce biraz soğumaya bırakın.

92.   ızgara patlıcanlı tart

Toplam Hazırlama Süresi: 20 Dakika

Toplam Pişirme Süresi: 1 Saat 45 Dakika

Soğutma Süresi: 1 Saat 10 Dakika

Verim: 8 Porsiyon

Bileşen

- Pişirme Spreyi

- 1 büyük patlıcan; soyulmuş ve Segmentli

- 6 büyük Patates; soyulmuş ve Segmentli

- 6 büyük Portabella mantarı

- Fırçalamak için zeytinyağı

- 1 yemek kaşığı Zeytinyağı; ekmek kırıntıları için

- Tuz ve biber

- $\frac{1}{4}$ fincan Maydanoz; doğranmış

- $\frac{1}{4}$ fincan Fesleğen; jülyen

- $\frac{3}{4}$ su bardağı Rendelenmiş Taze Parmesan peyniri; veya Pecorino Romano

- 1 su bardağı taze ekmek kırıntısı

- 1 yemek kaşığı Zeytinyağı

- 1 küçük soğan; kıyılmış

- 1 kereviz sapı; kıyılmış

- 4 büyük Domates; çekirdekli ve iri doğranmış

- ½ su bardağı rendelenmiş havuç

- 1 çay kaşığı Taze Kekik; veya 1/2 çay kaşığı kuru kekik

- 1 çay kaşığı taze limon suyu

- 2 çay kaşığı Taze maydanoz; doğranmış

Talimatlar

a) Sosu hazırlamak için yağı orta, tepkisiz bir tencerede ısıtın. Soğanı ve kerevizi ekleyin ve orta ateşte 3 dakika pişirin. Domates, havuç, kekik ve mevsimi tuz ve karabiberle tatlandırın.

b) Sıvı çoğunlukla buharlaşana kadar lezzeti hafifçe pişirin. Maydanoz ve limon suyunu çırpın.

c) Izgara rafını iyice püskürtün.

d) Izgarayı orta-yüksek ısıya önceden ısıtın.

e) Patlıcanı, patates ve mantarları zeytinyağı ile fırçalayın ve her iki tarafını da tuz ve karabiberle tatlandırın.

f) 9 inçlik bir kek kalıbını veya tart kalıbını pişirme spreyi ile kaplayın.

g) Tüm sebzeleri iyice kızarana ve her iki tarafı da pişene kadar ızgara yapın.

h) Patlıcan, patates ve mantarı turta veya tart tavasına koyun, her sebze katmanının arasına biraz maydanoz, fesleğen ve rendelenmiş peynir serpin.

i) 3 yemek kaşığı zeytinyağını küçük bir ızgarada orta-yüksek ateşte sıcak olana kadar ısıtın. Ekmek kırıntılarını altın kahverengi olana kadar soteleyin. Tartın üzerine ekmek kırıntıları serpilmelidir.

j) Hemen her kamanın altına küçük bir su birikintisi domates sosu ile servis yapın.

93.   ızgara romlu dondurmalar

Toplam Hazırlama Süresi: 15 Dakika

Toplam Pişirme Süresi: 8 Dakika

Verim: 4 Porsiyon

Bileşen

- ⅓fincan Artı 1 yemek kaşığı akçaağaç şurubu

- 1½ yemek kaşığı koyu rom

- 1 yemek kaşığı eritilmiş tuzsuz tereyağı

- 4 Muz; olgun ama sağlam

- 1 pint az yağlı vanilyalı dondurulmuş yoğurt

- ⅛ çay kaşığı Taze çekilmiş hindistan cevizi

Talimatlar

a) Barbekü hazırlayın.

b) Akçaağaç şurubu ve romu küçük bir tencerede karıştırın. Eritilmiş tereyağını ekleyin.

c) Akçaağaç şurubu ve tereyağı karışımını muzların üzerine fırçalayın veya sürün.

d) Muzları hafifçe kızarana ve yumuşayana kadar ancak duygusal olmayana kadar bir spatula ile bir veya iki kez çevirerek 3 ila 5 dakika ızgara yapın.

e) Közün yanına yerleştirilmiş küçük bir tencerede, muzlar ızgara yaparken kalan akçaağaç şurubu ve rom karışımını ısıtın.

f) Tatlı kaselerinin yarısını donmuş yoğurtla doldurun. Dörde
    bölünmüş yarım muzları donmuş yoğurdun üzerine koyun.

g) Üzerlerine acı sosu dökün.

94.   Dondurma ile ızgara muz

Toplam Hazırlama Süresi: 25 Dakika

Verim: 1 porsiyon

Toplam Pişirme Süresi: 4 Dakika

Bileşen

- 2 Sert olgun muz
- $\frac{1}{4}$ Çubuk tuzsuz tereyağı, eritilmiş ve soğutulmuş
- 3 yemek kaşığı esmer şeker
- $\frac{1}{4}$ pound çikolata, doğranmış
- $\frac{1}{2}$ çay kaşığı Tarçın
- Vanilyalı dondurma

Talimatlar

a) Bir ızgara tavasını önceden ısıtın.

b) Muzları soyduktan sonra uzunlamasına ikiye bölün.

c) Sığ bir fırın tepsisinde tereyağı ve kahverengi şekeri karıştırın, ardından muzları ekleyin ve kaplamak için hafifçe karıştırın.

d) Muzları metal bir spatula ile yağlanmış bir ızgara tavasına aktarın ve her iki tarafı yaklaşık 2 dakika kızarana ve pişene kadar ısıtın.

e) Derin bir tencerede küp küp doğranmış çikolatayı ve tarçını kısık ateşte sürekli karıştırarak eritin.

f) Muzları, muz diliminde olduğu gibi dondurma ve çikolata sos
    ile servis edin.

95.   Haşlanmış ve Izgara Armut

Toplam Hazırlama Süresi: 5 Dakika

Toplam Pişirme Süresi: 10 Dakika

4 Porsiyon Verin

İçindekiler

- 11/2 su bardağı kızılcık suyu
- 1 su bardağı şeker
- 2 çay kaşığı saf vanilya özü
- 2 armut
- 2 top vegan vanilyalı dondurma
- Çikolata sosu
- Süslemek için nane dalları

Talimatlar

a) Izgarayı 400 derece Fahrenheit'e ısıtın.

b) Orta ateşte, kızılcık suyu ve şekeri büyük bir tencerede birleştirin. 8 dakika daha kaynatın, ardından ocaktan alın ve vanilya özü ile karıştırın.

c) Bir kavun balya makinesi kullanarak armutların çekirdeklerini çıkarın ve Hazır tavaya yerleştirin. Armutları kızılcık şurubunda çevirerek üzerini kapatın.

d) 30 dakika ya da yumuşayana kadar ama dağılmayana kadar ızgara yapın.

e) Izgarayı çıkarın ve oda sıcaklığına soğumaya bırakın.

f) Servis yapmaya hazır olduğunuzda 4 adet soğutulmuş tatlı tabağının her birine 2 armut yarısı koyun ve kalan şurubu armutların üzerine dökün.

g) Her tabağa birer dondurma kaşığı koyun.

96.   Izgara Şeftali Melba

Toplam Hazırlama Süresi: 20 dk

Toplam Pişirme Süresi: 15 dk

4 Porsiyon Verin

İçindekiler

- 2 su bardağı su
- olgun şeftali
- 11/2 su bardağı şeker
- 2 yemek kaşığı artı 1 çay kaşığı limon suyu
- 1 su bardağı taze ahududu
- 2 top vegan vanilyalı dondurma
- 1 yemek kaşığı Parçalanmış kavrulmuş badem

Talimatlar

a) Suyu büyük bir tencerede yüksek ateşte kaynatın, ardından şeftaliyi ekleyin. 30 saniye sonra ısıyı orta dereceye düşürün, ardından şeftalileri çıkarın.

b) Isınan suya 1 su bardağı şeker ve 2 yemek kaşığı limon suyu ekleyin ve şekeri eritmek için karıştırın.

c) Şeftali soyup kabuklarını çıkarın ve kaynayan suda 8 dakika daha pişirin. Süzün, ardından çekirdeklerini çıkarın ve şeftalileri dilimleyin. Kenara koyun.

d) Ahududu ve kalan şekeri küçük bir tencerede birleştirin ve orta ateşte ısıtın. Çilekleri bir kaşığın tersiyle ezin ve şekeri eritmek için döndürün.

e) Çilekleri ince bir elek ile bir tabağa bastırın. Kalan 1 çay kaşığı limon suyuyla karıştırın.

f) Vegan dondurmayı şeffaf tatlı kaselerine alın ve şeftali dilimleri ile süsleyin.

g) Bir çiseleyen ahududu sosu ve bir serpme badem ile servis yapın.

97. Asya Tatları Meyve Tabağı

Toplam Hazırlama Süresi: 12 dakika

Toplam Pişirme Süresi: 6 dakika

4 ila 6 Porsiyon Verin

İçindekiler

- Şurup içinde paketlenmiş 8 onsluk lychees konservesi
- 1 misket limonunun suyu
- 1 çay kaşığı limon kabuğu rendesi
- 2 çay kaşığı şeker
- $^1/4$ su bardağı su
- 1 olgun mango, soyulmuş, çekirdeksiz ve 1/2 inçlik zarlar halinde kesilmiş
- 1 Asya armut, özlü ve 1/2 inçlik zarlar halinde kesilmiş
- 2 muz, soyulmuş ve 1/4 inçlik dilimler halinde kesilmiş
- 1 kivi, soyulmuş ve 1/4 inçlik dilimler halinde kesilmiş
- 1 yemek kaşığı ezilmiş tuzsuz ızgara fıstık

Talimatlar

a) Lychee şurubunu küçük bir tencereye koyun.

b) Lychee şurubunu limon suyu ve kabuğunun yanı sıra şeker ve su ile şeker eriyene kadar kısık ateşte ısıtın. Bir kaynamaya getirin, ardından ocaktan alın. Soğutmaya izin verin.

c) Lychees içeren tabağa mango, armut, muz ve kivi ekleyin.

d) Kaydedilmiş şurup ve bir avuç fıstıkla servis yapın.

98.   Dondurmalı Krep

Toplam Süre: 10 Dakika
4 Porsiyon Verin

İçindekiler

- 11/2 pint vegan vanilyalı dondurma, yumuşatılmış
- Vegan Tatlı Krep
- 2 yemek kaşığı vegan margarin
- $1/4$ şekerleme şekeri
- $1/4$ su bardağı taze portakal suyu
- 1 yemek kaşığı taze limon suyu
- $1/4$ fincan Grand Marnier veya diğer portakal aromalı likör

Talimatlar

a) Dondurmanın dörtte birini uç uca bir plastik sargının üzerine koyun, sarın ve elinizle bir kütük haline getirin.

b) Dondurma günlüklerinin her biri bir krep haline getirilmelidir.

c) Krepleri doldurduktan sonra donması için 30 dakika buzlukta bekletin.

d) Margarini küçük bir tavada orta ateşte eritin. Şekeri dökün. Portakal suyu, limon suyu ve Grand Marnier'i ekleyin.

e) Yaklaşık 2 dakika veya alkolün çoğu buharlaşana kadar ızgara yapın.

f) Servis yapmak için, doldurulmuş krepleri tatlı tabaklarına yerleştirin ve üzerine biraz portakal sosu gezdirin.

99.   Pekan ve Armut Graten

Toplam Hazırlama Süresi: 10 Dakika
Toplam Pişirme Süresi: 45 Dakika
4 ila 6 Porsiyon Verin

İçindekiler

- taze olgun armut, soyulmuş ve özlü
- $1/2$ su bardağı şekerli kuru yaban mersini
- $1/2$ su bardağı şeker
- $1/2$ çay kaşığı öğütülmüş zencefil
- 1 yemek kaşığı mısır nişastası
- $1/4$ su bardağı sade veya vanilyalı soya sütü
- $2/3$ su bardağı iri kıyılmış ceviz
- $1/4$ su bardağı vegan margarin

Talimatlar

a) Izgarayı 400 derece Fahrenheit'e ısıtın.
b) Bir graten kabını hafifçe yağlayın.
c) Hazır kabın içine armutları yayın.
d) Kızılcık, şeker, zencefil ve mısır nişastasını karıştırın.
e) Soya sütü ekleyin, margarinle noktalayın ve cevizleri serpin.
f) 20 dakika ya da meyve ortasında kabarcıklar oluşana kadar izgara yapın.

100. kızarmış şili muhallebi

Toplam Hazırlama Süresi: 10 Dakika
Toplam Pişirme Süresi: 3 saat

Verim: 4 Porsiyon

Bileşen

- 2 büyük Yumurta

- 2 büyük Yumurta Sarısı

- ⅓ fincan Şeker, Kahverengi

- 2 yemek kaşığı Şeker, Esmer

- ¼ çay kaşığı Tuz

- 2 su bardağı Krema, Ağır

- ¼ çay kaşığı Vanilya

- 2 çay kaşığı Chile de Arbol, toz kızarmış

Talimatlar

a) Izgarayı 300 ° F'ye önceden ısıtın.
b) Yumurta, yumurta sarısı, esmer şeker ve tuzu birlikte çırpın.
c) Bir tencerede krema ve vanilyayı orta ateşte kaynatın; ateşten alın; pürüzsüz olana kadar yumurta karışımında çırpın; bir tencerede kremaya dönün ve muhallebi bir kaşığın arkasını kaplayana kadar pişirin; ateşten alın.
d) Ramekinleri muhallebi ile doldurun; tavaya yerleştirin ve tavayı ızgaraya yerleştirin.
e) Ramekinlerin kenarlarının 2/3'üne ulaşacak kadar su doldurun; yaklaşık 3 saat ayarlanana kadar ızgara yapın.

f) Servis yapmak için, her bir muhallebinin üzerine şili tozu serpin, ardından elenmiş kahverengi şekerle doldurun ve şeker eriyene kadar kahverengileşinceye kadar ızgara yapın.

ÇÖZÜM

Izgara mevsimi! Izgara, dokunduğu her şeye gevrek bir kömür ve karşı konulmaz dumanlı bir tat getiriyor. Ve sadece hamburger veya kaburgalara havale etmeyin. Bu en iyi ızgara sebzelerle garnitürünüzü aynı anda yapın! Bu sebze karışımı lezzetli, renkli ve en iyi yanı: hepsi yaklaşık olarak aynı oranda pişiyor. Onları hızlı bir balzamik, zeytinyağı ve bir tutam biberiye karışımıyla birlikte atın ve onları yemeyi bırakamayacaksınız.

www.ingramcontent.com/pod-product-compliance
Lightning Source LLC
Chambersburg PA
CBHW051552030726
47592CB00001B/244